THE BIG BOOK OF SUDOKU

First published 2009 by Paragon Books, Ltd.

Copyright © 2018 Cottage Door Press, LLC
5005 Newport Drive, Rolling Meadows, Illinois 60008

Individual Puzzles © Any Puzzle Media

ISBN: 978-1-68052-475-8

Brain Busters™ and the Brain Busters™ logo are
trademarks of Cottage Door Press, LLC.

Parragon Books is an imprint of Cottage Door Press, LLC.
Parragon® and the Parragon® logo are registered
trademarks of Cottage Door Press, LLC.

THE BIG BOOK OF SUDOKU

Parragon.

Contents

Solving a Sudoku Puzzle

A sudoku puzzle grid is made up of 81 squares, formed into nine rows and nine columns, as well as nine boxes (each of nine squares):

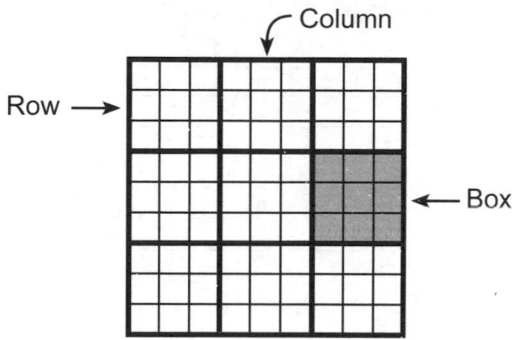

The object is to fill every row, column, and each box with nine different digits, as in this example:

You don't need to be good at math to solve a sudoku puzzle: the skill is in deciding where other numbers fit.

At the start of each puzzle, there is a grid in which some numbers are already in place. Look at the grid to see if there are some numbers which appear more than others, and whether a particular number is missing from any row, column, or box of squares.

In the following example, the number 4 in the top right box of nine smaller squares can only be in one place: it can't be in the central column of the box, as there is a 4 already in the eighth column, nor can it be in the second or third rows of the box, as there are 4s already in the second and third rows, as you can see highlighted in the squares below:

1	3					6		
	4	7		1		8		9
			6	4	5			
7	5	3	1					8
	1		4		7		6	
9					8	1	7	2
			7	2	4			
5		6		8		9	4	
		8					1	3

So the 4 is in the first row and ninth column of the box:

1	3					6		4
	4	7		1		8		9
			6	4	5			
7	5	3	1					8
	1		4		7		6	
9					8	1	7	2
			7	2	4			
5		6		8		9	4	
		8					1	3

Then you could go on to think about where the 1 in the top right box might be. It cannot be in the first or second row (there are 1s already in those rows) or the seventh or eighth columns (there are 1s already in those columns), so it can only be in the third row of the ninth column. And so you would continue.

Sometimes you will need to pencil in a few numbers which are possibilities in order to be sure whether a number will fit and not cause problems later.

Above all, don't forget that these puzzles are designed to be fun: there is no time limit and while some will seem easier than others, your solving skills will increase as you work through the book. Have fun…

Solving a Samurai Sudoku Puzzle

A samurai sudoku puzzle grid is made up of five sudoku puzzles, which are linked together via the central puzzle.

The object is to solve each puzzle by using the central puzzle as an aid – and the central puzzle is solved by cross referencing against the four surrounding puzzles!

In the example below, you can see that each of the four "corner" boxes of the central puzzle is also shared with another puzzle:

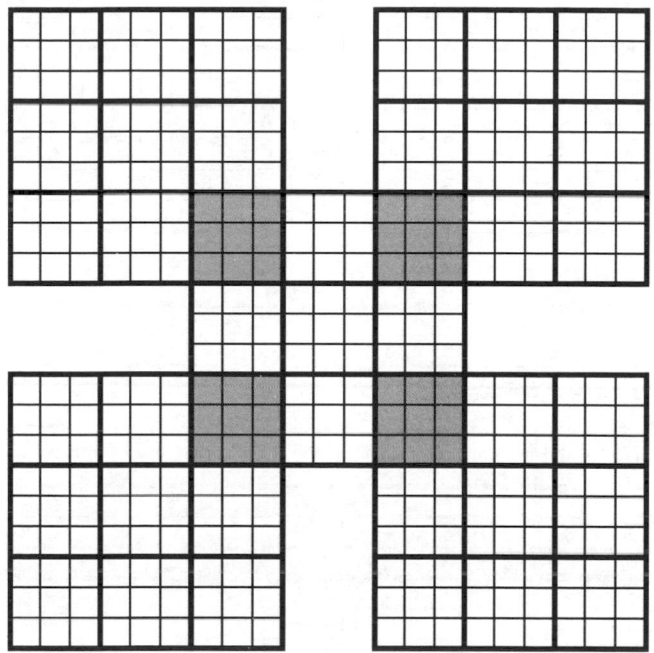

This means that all the numbers placed in (for instance) the top left box of the central grid will also be shared with the lower right box of the top left grid.

On the next page, there is an example of a samurai sudoku puzzle and its solution so you can see how the numbers fit.

Example of a samurai sudoku puzzle:

Top-left grid

4		5				7	6	
	1			8				4
2	6				7	3		
					8	9		6
3		4	9					
		2	3				5	9
9				2			1	
	4	7				6		2

Top-right grid

				3		7		5
3			7	1				6
	1				8			2
					4		2	
		7		9		3		
1			6				4	
6				4	5			8
9		5		7				

Centre grid (corner boxes overlap the surrounding grids)

	5	9				1		
	1					6		
6		2				9		5
3				7				9
	2		4		8		5	
9				1				4
5		3						
		8						

Bottom-left grid

					2	5		3
4	2	5		9				
			1	5				8
	1					3		
6	4						7	5
		9					2	
8				7	1			
2				3		6	1	4
9		1	6					

Bottom-right grid

	6				5			7
9		7		2		1		5
8			9				4	
					6		5	8
3		8		7			2	
		2				4		1

and its solution:

Top-left grid

4	3	5	2	1	9	7	6	8
7	1	9	6	8	3	5	2	4
2	6	8	5	4	7	3	9	1
5	2	1	7	3	8	9	4	6
8	9	6	1	5	4	2	7	3
3	7	4	9	6	2	1	8	5
6	8	2	3	7	1	4	5	9
9	5	3	4	2	6	8	1	7
1	4	7	8	9	5	6	3	2

Top-right grid

8	2	6	4	3	9	7	1	5
3	5	4	7	1	2	9	8	6
7	1	9	5	6	8	4	3	2
5	9	1	3	8	4	6	2	7
4	8	7	2	9	6	3	5	1
2	6	3	1	5	7	8	9	4
1	7	8	6	2	3	5	4	9
6	3	2	9	4	5	1	7	8
9	4	5	8	7	1	2	6	3

Centre grid

4	5	9	6	2	3	1	7	8
8	1	7	9	5	4	6	3	2
6	3	2	7	8	1	9	4	5
3	8	4	5	7	6	2	1	9
1	2	6	4	9	8	3	5	7
9	7	5	3	1	2	8	6	4
5	9	3	8	6	7	4	2	1
7	6	1	2	4	9	5	8	3
2	4	8	1	3	5	7	9	6

Bottom-left grid

1	7	8	4	6	2	5	9	3
4	2	5	8	9	3	7	6	1
3	9	6	1	5	7	2	4	8
5	1	2	7	4	6	3	8	9
6	4	3	2	8	9	1	7	5
7	8	9	3	1	5	4	2	6
8	6	4	5	7	1	9	3	2
2	5	7	9	3	8	6	1	4
9	3	1	6	2	4	8	5	7

Bottom-right grid

4	2	1	7	5	9	8	3	6
5	8	3	6	1	4	7	9	2
7	9	6	3	8	2	5	1	4
2	6	4	1	3	5	9	8	7
9	3	7	4	2	8	1	6	5
8	1	5	9	6	7	2	4	3
1	7	9	2	4	6	3	5	8
3	4	8	5	7	1	6	2	9
6	5	2	8	9	3	4	7	1

Warm-up
Puzzles

No 1

		7					1	5
			3	9	7			
	6	2		1		4		9
	2				1	5	4	3
7			4		9			1
4	8	1	2				6	
9		6		2		7	3	
			9	8	4			
1	5					2		

No 2

		1	5	3				
6						7	1	8
	8	2	7				9	
3		4		5	1			9
		7	2		4	6		
5			3	8		2		1
	9				5	3	2	
7	4	5						6
			6	9	1			

No 3

2	5					8		
			3	1	8			
	1	6		2		9		4
6	3	5			2			9
	2		6		1		8	
4			9			2	6	7
3		8		9		4	1	
			1	7	6			
		9					2	5

No 4

	9	8					7	5
				8	6	1		1
		5		1			3	2
	2		3					9
	3	4	8		1	5	2	
7					4		6	
2	1			3		7		
5		3	6	9				
6	4					9	8	

No 5

8	9			3		5		6
	7	1						3
			9	2	4			
		3			7	4	5	1
	6		4		9		7	
7	4	2	3			8		
			5	9	6			
6						7	1	
3		8		7			9	4

No 6

5		2		8		9		3
	4		2		7		5	
3		7	6		5	8		2
	2		1		3		6	
6		4	8		2	3		1
	9		7		6		3	
2		5		1		6		9
		6		2		7		

12

No 7

		9			4		7	2
8					9		5	
		3	6	5		4	9	
4		8		1			3	
2			8		7			1
	7			2		9		6
	4	1		6	8	7		
	6		2					4
5	8		7			3		

No 8

2			6				4	
	8	9	7			6	5	
		6	2	5	1	3		
	9				2			7
	6	5				4	2	
4			3				1	
		2	1	4	9	8		
	7	8			6	1	3	
	1				3			9

No 9

	7		8			6		4
	3	6			5		1	
		5	1	4				2
3	6	9		7	8			
		2				5		
			4	6		3	9	8
7				3	1	9		
	9		2			1	8	
5		4			7		6	

No 10

2					1	6	3	4
4			8	7	6			
9			2		3			
	9		3		7	4		
3		7				1		5
		4	1		9		8	
			5		8			1
			6	2	4			8
8	5	6		9				2

No 11

			2			5	4	8
2	8				4		7	
		7		1	3			6
8		6		9			3	
	3		1		6		5	
	9			8		4		7
5			7	6		9		
	1		9				2	4
9	7	3			8			

No 12

		9			8			
		1		3		2	6	8
		5	1	6				
5	9		4		7		8	1
4		6				7		2
8	2		9		6		3	5
				4	1	5		
1	7	2		9		8		
			7			3		

No 13

7				6				4
9	6			8			2	1
		2	5		1	7		
6	4		1		8		3	7
		3	6		4	1		
8	1		2		3		6	5
		6	3		5	9		
3	9			4			1	2
5				1				3

No 14

				5	6			4
			2					9
7	6	2		1				3
	3	7	1		8	9	4	
8	5						7	2
	4	1	5		2	3	6	
6				9		8	3	7
1					3			
4			6	8				

16

No 15

4				1		7	3	2
8					7			
5			3	6				
	5	8	9		1	2	4	
7	2						6	9
	3	4	7		6	1	5	
				9	3			5
			4					1
2	4	9		8				3

No 16

4		3	2		9	1		6
6			8		7			9
	9			4			5	
	3		4	7	2		8	
7		8				9		2
	4		5	9	8		3	
	6			8			1	
8			9		4			5
5		4	3		1	7		8

No 17

6		5				2		
9			5		6			8
3				8	2	1	6	
	7	3		2	1			
	1		7		9		8	
			6	4		7	5	
	6	2	4	3				7
8			1		7			3
		9				5		4

No 18

		1	3				6	
9				6	7		3	5
3			5			8	4	
	4			8		7		3
		8	4		1	2		
1		5		2			9	
	1	6			4			9
2	5		1	7				4
	7				8	5		

No 19

7		8			5	9		
5			9	3			2	
		6	1				3	7
			3	7		4	1	8
2								5
4	8	7		6	1			
3	5				6	7		
	6			8	9			4
		4	2			1		9

No 20

			6	5	7			
9	8			2		5		4
6						1	2	
	9		2			7	4	1
		6	5		4	2		
2	3	4			9		8	
	1	2						9
8		5		9			7	6
			4	3	5			

No 21

5		3	8	4				
4			2		7	8		
		2	5			9		1
	9		4	3			2	
	3	4				1	6	
	8			2	1		3	
9		1			4	7		
		7	1		6			5
				9	2	3		4

No 22

			7	3		2		
	6		1			4	8	
8	2	1						5
6				7	2	9		3
		5	4		9	1		
2		4	3	8				7
5						7	9	1
	4	3			7		6	
		2		5	6			

No 23

9				4	2			
	8					9	1	7
6		1			7	5		
	2			1	4		9	6
7			3		6			8
3	4		9	2			5	
		5	2			6		4
2	7	3					8	
			5	8				9

No 24

7		3	6			8		5
	2	5			3	9	7	
		1		5		3		
3	6		4	1				
2								9
				7	2		3	8
		6		8		1		
	1	8	5			7	4	
4		2			9	5		6

No 25

			4	3	5	8		
6	4	8		1		3		
			6		8	9		
1			2		7		5	
	7	2				6	9	
	5		9		1			8
		1	3		2			
		3		9		5	4	2
		5	8	7	4			

No 26

		9	1		5	8		
3	7			6			9	5
5				7				1
4	5		2		7		6	8
		7	6		8	5		
1	8		5		3		7	2
6				8				4
7	3			2			8	9
		4	7		1	3		

No 27

4	1		3			5		
		6	1					
2				7	9		4	6
9	5		6				2	1
		2		9		8		
1	7				4		3	9
8	4		5	2				7
					7	4		
		7			8		6	3

No 28

6		2		3		9		8
5	7			9	8			6
			4				2	
9	1	8			2	7		
		4				3		
		7	1			2	9	5
	8				5			
1			7	2			4	3
7		6		4		1		9

No 29

	9		1		5	2	6	
		7		8				4
	4		2		3	9		
5		2			9		7	
	6			1			3	
	1		4			8		6
		5	6		7		4	
9				3		6		
	3	4	5		1		8	

No 30

			8			4	9	5
	6			2	7	3		
4		8			5			6
1				4		6	5	
7			2		3			9
	3	4		1				7
2			1			5		8
		9	6	3			1	
6	7	1			4			

No 31

		2	4	7	1	3		
8		3			5	4		9
4					9		1	
	7		9					4
5		6				7		2
1					2		8	
	2		5					7
3		1	8			5		6
		5	2	6	4	9		

No 32

5	6	9			3			
2		8	5	4		1		
	4			8		7		6
	9		4	7				
4	1						7	2
				2	8		9	
3		1		6			8	
		7		5	9	3		4
			1			6	2	5

No 33

		6	4	7		3	1	
3					5			
	5	1			9			2
	2	4			3	5	6	
6				4				8
	7	5	1			4	9	
7			8			9	3	
			7					1
	1	8		6	2	7		

No 34

	3			2			8	
	6	9		1		2	4	
8			5		6			9
	8	7	6		1	3	2	
6			2		3			7
	5	2	9		7	6	1	
4			7		5			2
	9	6		3		4	7	
	7			6			5	

No 35

3		2		7		5		6
6				2				1
	5		1		6		8	
1		8	6		3	2		4
	2		7		8		6	
9		6	4		2	7		8
	9		2		1		3	
7				8				9
2		3		4		8		5

No 36

7		3		1	2			4
	6	2	4					9
		1	5				3	
		4		5			1	8
	5		2		4		7	
2	3			7		9		
	2				8	6		
8					3	4	5	
9			1	6		8		3

No 37

1		9	5	2				4
					8		1	
	6				7	8		9
8		4			1	6		5
	3			5			4	
5		7	9			2		8
7		1	3				2	
	9		2					
2				4	6	9		3

No 38

	3				8	6		2
5					9	4		
	8		6	4		5	7	
		3		7			6	5
7			8		6			9
4	1			9		8		
	5	1		2	4		3	
		2	1					6
9		8	5				1	

No 39

3		5	1		9	6		7
		6	7		8	5		
	1			5			2	
	9		5	8	6		7	
8		4				3		5
	5		4	3	7		9	
	6			7			8	
		8	3		5	2		
1		2	8		4	7		9

No 40

	3			6	1	4		
5					4	2	9	
8	1		7					3
3	6	8	9	5				
	2						7	
				4	8	6	3	5
1					2		5	6
	5	9	8					4
		7	1	9			2	

No 41

	5	1	2			9		
			3	5		6	2	
		9	8		1		4	
7			1	3				6
6		2				1		8
5				6	2			3
	2		9		3	7		
	4	6		2	7			
		3			4	5	1	

No 42

			8	1		9		
2	4	3					1	
8			3			5		7
	5	2	9	3			8	
		4	2		7	1		
	3			6	5	7	9	
6		7			4			8
	1					4	6	9
		9		5	3			

No 43

	2	9		8	4	3		
3		7		2		4		6
			1				5	
4			8			7	3	5
9								2
8	7	1			3			4
	8				2			
7		5		9		6		8
		6	5	7		1	4	

No 44

		7			5			
		2		3		6	5	4
		1	2	4				
7	1		8		9		2	5
	8	4				9	6	
6	5		7		4		1	3
				8	2	1		
9	2	6		7		5		
			9			3		

No 45

	2	6			9		1	
8						9	7	4
		3		8	1			
3		2	6	5				9
		8	2		7	4		
1				9	3	7		6
			9	6		3		
5	3	4						8
	1		4			2	5	

No 46

			1					7
2	8			4	6		5	
	9	5		2		3	6	
		6	4			7	9	5
		8				2		
9	1	4			5	6		
	7	9		8		4	3	
	3		7	9			1	6
4					2			

No 47

		8	4	5	3	7		
5		7	2			9		6
1			7				4	
	2				4			9
4		1				5		7
3			8				1	
	9				8			3
8		3			7	6		2
		6	3	1	9	4		

No 48

			6			5	1	8
2	7				8		3	
		8		4	1			9
	5			8		4		6
	9		4		3		5	
1		2		6			8	
4			5	3		1		
	1		2				6	7
6	2	9			7			

No 49

4	3			6	7		8	
	5	8		4		9	7	
			1					2
5	1	6			8	7		
		3				4		
		7	6			2	5	8
6					4			
	2	5		3		6	9	
	9		2	5			1	7

No 50

	4			9	1		2	
6	1	8				5	9	3
		9			3	6		
	3				2	8		
8			4		6			5
		1	9				7	
		4	1			2		
1	5	7				4	8	6
	8		5	7			3	

No 51

4		9			2	3		
	6					1	9	2
1				8	7			
	7			9	8		1	4
2			5		4			6
5	8		1	7			3	
			3	6				1
7	2	5					6	
		3	7			4		8

No 52

1	9				5	4		
5				2	7		8	
		8	6			3	7	
2	8	4		5	3			
	6						1	
			9	4		8	2	3
	4	2			1	7		
	1		7	9				6
		5	3				4	9

No 53

7		4		8		2		3
	3		5					
		2		7	4	6	9	
9					3	7	1	4
8								5
3	7	6	1					9
	5	8	9	3		1		
					6		4	
1		7		5		9		2

No 54

		2		8	4			1
9	3				2		5	
			7			6	4	2
4		9		7			2	
	1		8		5		6	
	6			2		8		7
7	9	1			3			
	4		9				7	3
8			6	5		4		

No 55

8		5			1	6		7
		6	5	3	2	4		
	2				8			5
	7				4			2
4		3				9		1
5			8				3	
3			1				4	
		8	4	9	5	1		
9		1	7			2		6

No 56

3		9		1	8		5	
					2		7	6
	5	2			3	9		
9	4		2			1		
8			4		5			7
		6			7		2	9
		3	5			8	4	
4	1		8					
	7		3	6		5		1

No 57

5	3	4	6					
	7			2		9		3
1		2		7	5	8		
			2	1			4	
7	8						9	1
	4			9	7			
		9	4	5		6		7
6		8		3			2	
					8	3	1	5

No 58

7			1	5			9	8
1		5		4		3		7
	3				2			
8	5	3			6	9		
		4				2		
		9	3			1	6	5
			8				1	
5		6		2		7		9
4	2			3	9			6

No 59

	5		9	6	3			
	1		8		5			
	6			7		8	5	9
3			4		2	7		
1	8						4	2
		5	1		7			3
9	3	4		1			6	
			6		4		7	
			5	2	9		3	

No 60

			2					1
7	4			3	6		8	
	9	8		7		5	6	
9	2	3			8	6		
		4				7		
		6	3			1	9	8
	1	9		4		3	5	
	5		1	9			2	6
3					7			

No 61

		2			4	6	9	
1	4	5	8					
	7			3	5			4
		4		8			5	9
		1	3		2	7		
3	8			4		1		
5			1	2			3	
					6	9	8	7
	6	8	9			5		

No 62

	1				2	8		7
					7		5	
8		5	3	4		9		
9		7			5	3		1
	6			3			9	
2		3	8			7		4
		4		9	1	6		8
	8		4					
5		2	6				4	

No 63

6		7	5					1
	4					5	8	9
		2	1	4				
	1		2	5		9	7	
		4	9		6	8		
	2	6		3	7		5	
				7	5	2		
2	3	8					4	
1					8	6		3

No 64

	6			8			4	
9		1	4		3	8		7
		4	2		5	1		
	5		3	2	8		7	
4		3				2		5
	7		5	4	6		8	
		6	8		4	5		
2		5	9		7	6		8
	9			5			1	

No 65

1					9			
	3	2		4		5	7	
	5		3	6			8	4
		3	5			6	9	7
		4				8		
5	7	1			6	3		
3	9			7	1		2	
	2	6		8		7	1	
			4					6

No 66

5	7				4		9	
1				2	9			
		2				8	3	4
7		1	5	6		4		
2			7		3			8
		9		4	1	5		3
8	1	6				2		
			4	5				1
	9		8				6	7

No 67

		6	1			3		
3	1	7				4	6	5
2			5	3				9
8					3	5		
	7		6		9		4	
		4	2					1
1				8	7			4
4	6	9				8	5	7
		2			5	9		

No 68

2		9		6			8	
	3	6	5	7				
4		8					7	1
		1			2			9
9	8		6		7		3	2
5			3			4		
7	1					5		3
				1	5	8	2	
	4			2		9		6

No 69

	8		2		1			
	6		3	5	4			
	1			9		2	6	3
6			8		9	4		
5	2						7	9
		8	5		2			6
3	4	7		8			1	
			6	1	3		4	
			4		7		9	

No 70

	1		4		9		3	
2	7							8
	9		7	1		6		5
9		2	6	7				
		3	9		8	4		
				5	4	9		1
4		6		3	5		1	
5							6	2
	3		2		6		8	

44

No 71

2					3	5	7	
					5			8
	8	7	1	9			4	
	5	4			8	2	1	
6				1				4
	1	3	7			9	5	
	9			4	2	7	6	
7			9					
	3	8	6					9

No 72

	3				7	5		
	9	8			1			7
1	7		2	3				4
7		2		8			9	
		6	5		9	8		
	4			6		1		5
9				2	5		1	6
4			9			3	5	
		1	8				2	

No 73

1	6		7				9	
			6			4		3
	9	7	5	8				1
2		9			6		8	
		5	1		2	3		
	4		3			9		6
3				4	7	8	1	
8		2			5			
	7				1		5	2

No 74

			1		5			9
3	6	5		7				1
			8	4	6			3
		8	7		9		3	
2	7						4	5
	3		5		4	9		
8			6	1	3			
1				9		2	6	8
7			2		8			

46

No 75

	2	4			9	6	7	
	1			2			9	
6	9		5				3	2
9		5	8	1				
4								7
				6	4	9		3
8	4				7		2	5
	5			3			1	
	3	1	2			8	6	

No 76

	2			5		8		6
			3	1			5	4
	1	9				7		3
1			5			6		
	4	6	9		8	5	7	
		3			7			2
4		2				1	9	
8	7			9	3			
6		5		8			4	

No 77

	8		5			7		9
9	3				6		4	
6			4	7		1		
2	9	3		8	5			
1								6
			7	9		5	2	3
		8		3	4			2
	2		1				5	4
7		6			8		9	

No 78

4			5		8	6		
				1	9	2		3
5		1			2			4
	7			9	5		3	
2	3						8	5
	1		2	3			9	
9			6			5		1
3		6	7	2				
		2	9		4			7

No 79

2	7	6		1			8	
			2	8	9		7	
			6		7		4	
		1	3		5			9
5	3						6	4
9			4		1	7		
	1		8		3			
	9		7	5	2			
	8			4		3	9	2

No 80

	3			2				6
		6	8		4		7	
		7	1		5	9	8	
5	8				7	3		
		9		1		4		
		1	6				2	9
	6	4	5		1	2		
	5		9		3	6		
7				4			9	

No 81

7				3			1	
		2	7		6			5
		8	5		9	3		2
8	7		2			9		
		3		9		7		
		6			1		5	4
4		7	9		5	1		
1			4		3	2		
	2			8				6

No 82

6		8	1	3				7
					2	4		
7	4			5			3	1
3	1	9	4				8	
	2						5	
	8				9	3	4	6
8	7			2			9	3
		1	6					
9				4	8	2		5

No 83

1		6				9		
5			9	4		2	1	
3			1		6			4
	8	5	2	9				
	2		3		8		4	
				7	1	8	6	
4			8		2			5
	1	9		5	7			8
		3				6		7

No 84

3				2		4	7	6
6			4	3	8			
1			7		6			
	6		1		2	8		
7		1				5		9
		8	9		5		2	
			3		9			2
			6	5	4			8
8	9	4		1				3

No 85

	8		4		3		9	2
1				9		5		
	2		1		6			4
	6				5	4		7
	9			3			1	
8		1	2				3	
5			7		9		2	
		2		8				6
7	1		3		4	5		

No 86

	9				3		7	4
		5	9	8				3
4		8	1				6	
				6	1	7	4	2
3								5
7	2	1	8	4				
	4				6	3		8
2				7	9	6		
9	1		5				2	

No 87

7		5	4				9	
	1				8		6	2
		4	2	3				1
				9	7	6	1	3
8								5
1	9	3	6	4				
5				7	2	8		
9	3		5				2	
	4				6	7		9

No 88

5	6	8		3			2	
			8		6		1	
			5	2	4		6	
4			1		3	6		
9	7						8	1
		3	7		9			4
	4		6	9	5			
	3		2		7			
	2			1		7	4	5

No 89

8		3	1			9		2
		9	4	6	3	7		
	4		8					3
3					8		6	
7		6				5		1
	2		7					4
6					1		7	
		8	3	5	7	1		
5		1			2	4		9

No 90

			1	2	4			
8		2		3			7	6
	3	9						4
	7		6			8	5	3
		3	8		2	4		
9	8	1			3		6	
6						3	9	
4	1			6		2		7
			2	5	8			

No 91

	8			9			4	
		5	6		1	9		
3		9	7		8	5		1
	9		1	3	2		7	
6		2				3		9
	7		5	6	9		1	
8		4	2		6	1		7
		6	9		3	4		
	5			1			6	

No 92

	3	4	1		7	9	6	
		9	5		8	7		
7				4				2
3			4	8	1			5
	5	8				1	7	
4			2	7	5			3
9				5				6
		5	7		4	2		
	4	2	3		6	5	8	

No 93

				2	7		4	
5	9	2		6			7	
			5				8	
7		5	1		3	8		4
9	1						2	3
4		6	2		8	9		5
	6				1			
	5			8		1	9	7
	4		7	3				

No 94

	7				9		8	2
9	5			2	3			
4			8		6		7	
		5		3	8	1		
	8	6				5	9	
		3	9	5		2		
	1		3		7			9
			1	9			5	4
8	2		4				3	

No 95

5					2	6		
9	2				1		4	8
	7		3	9	6		2	
		1	6					4
6	5						9	2
3					7	5		
	8		4	5	3		6	
7	3		2				8	1
		4	7					3

No 96

4	5			6	2		7	
			1					3
	7	3		9		6	2	
		4	8			3	5	6
		1				9		
8	6	2			3	4		
	4	7		1		8	6	
2					5			
	8		4	3			9	1

No 97

1			9				6	8
	7	6	8					
	3		1	4		7		9
	6	5	2					7
		8	6		9	3		
4					3	5	2	
5		1		7	8		9	
					2	4	3	
2	9				1			5

No 98

	8				5	7	9	
7		3			9			
		2		4	8		5	3
6		7			1		3	
9			5		7			2
	4		2			1		6
8	6		9	3		5		
			1			2		4
	1	5	8				6	

No 99

5			1	4		7		
	7				6	1	3	
8		9	5				2	
				2	9	4	7	3
		6				8		
4	2	7	3	5				
	5				3	2		9
	4	2	8				1	
		8		9	1			6

No 100

5	2			8	1			9
4	1	7	6					
		8		5			7	3
		4		3	8			
	8	9				3	2	
			5	2		4		
9	6			7		5		
					9	2	1	7
3			4	1			8	6

No 101

9	3	6	4					
2				3		1	4	
	1	8		6	5		7	
5				9	2			
7		9				8		4
			8	7				5
	4		6	8		9	2	
	7	3		2				8
					1	6	5	3

No 102

			1	4		6		9
		7	2		3			5
4		3	9			7		
	8		3	1			6	
	6	9				3	2	
	4			6	9		1	
		1			5	4		3
9			7		1	8		
5		6		9	8			

No 103

	9				7			
5		4		2		9		6
6			5	4			8	3
3	4	9			1	8		
		2				7		
		8	9			5	1	4
2	7			9	8			1
4		1		7		6		8
			3				5	

No 104

4				5				1
3		2			7	4		9
5	1		9				2	6
				6	3	5	8	
		3				7		
	4	8	2	1				
9	3				8		6	7
8		6	4			9		5
1				9				8

No 105

	2	8						7
4		9		2			3	1
			7	9	5			
8	4	5	2				1	
		2	9		4	7		
	3				1	4	6	2
			4	6	9			
7	5			1		9		3
1						2	8	

No 106

			6			1	2	3
6		3			1	4		
	4			9	8			7
		5		3			1	4
		8	9		7	2		
3	7			5		8		
2			4	7			5	
		9	5			6		1
5	8	4			3			

No 107

	3		7					
6				1	8	9		3
9		7	2				4	
8		4	3			6		7
	6			8			5	
7		1			9	2		8
	1				5	3		2
5		9	4	6				1
					1		9	

No 108

5	7	6		2				4
			7					8
			6	4				3
	4	7	9		1	8	3	
9	5						1	6
	3	2	6		8	5	7	
3			4	1				
2					9			
7				8		9	4	5

No 109

1			7		3			9
	4			1			8	
9		7	8		6	5		1
	7		1	3	9		6	
5		1				3		2
	6		2	5	7		1	
7		6	3		2	8		4
	3			7			9	
4			5		1			3

No 110

6				1			8	
		4	5		6			9
		3	2		9	1		4
		5	8				9	7
		1		2		6		
3	6				4	2		
7		6	9		2	8		
8			1		7	4		
	4			3				5

No 111

		3	7			5		
7	5	8				1	4	3
	6		4	5			9	
	2				5	4		
8			3		9			1
		1	6				7	
	7			2	8		1	
3	1	9				2	8	4
		6			4	9		

No 112

4	3		8			2		
8			7	1			6	
		6			9	5	7	
1	6	2	5	8				
	9						4	
				2	3	6	1	5
	2	1	4			7		
	4			3	7			9
		8			5		2	3

No 113

6					2		9	4
2	4	3	9					
	8			5	1	6		
1				7		8	4	
3			5		8			1
	6	2		4				7
		7	6	8			3	
					4	1	7	6
9	2		7					5

No 114

3	4		5				1	8
7			2	4	6			3
	9		3			2		
		5			2		8	
9	2						3	4
	6		7			9		
		8			7		6	
1			6	9	8			2
6	7				3		5	1

No 115

			2			8	1	
6	8		4	3		5		
2		1	6					4
8			7			1	9	
	5		1		6		2	
	9	7			5			3
9					4	6		7
		6		8	2		4	9
	3	5			7			

No 116

6			8					
3				1	5			
5				4		1	8	2
	8	2	1		6	4	3	
1	7						2	9
	3	6	9		7	8	5	
2	5	9		6				8
			5	7				3
					9			4

No 117

					6		1	
4	3	6		2			8	
			8	4			5	
6		8	7		9	5		1
	9	3				7	4	
2		5	1		4	6		3
	5			7	8			
	6			1		8	3	9
	2		9					

No 118

	4			7			5	
	6	1			2	4	7	
5	2		9				8	1
7		3	8	6				
9								8
				4	1	5		3
2	7				5		3	6
	9	6	3			8	2	
	3			2			4	

Challenging
Puzzles

No 119

		9	8		7	3		
	7						6	
2			6		1			4
8	3		4		5		9	1
6	9		2		8		5	7
9			5		6			3
	1						4	
		8	7		4	2		

No 120

5		2				7		9
	3						8	
	8		9		7		4	
		6		1		3		
	1		5		3		2	
		5		2		8		
	7		4		9		6	
	6						5	
9		4				1		3

No 121

					5		4	
8		2		6				
		1	2	4				6
			4				9	
		6		1		2		
	7				3			
5				3	8	7		
				2		8		1
	3		9					

No 122

		9	8		5	4		
5			2		4			6
	2			3			1	
3	8						7	5
		1				8		
6	4						3	1
	1			2			5	
7			9		3			2
		5	1		6	7		

No 123

3								6
9		6	7		3	1		4
			6	4	9			
8		5	4		6	9		2
		4				5		
6		9	2		1	4		8
			5	1	8			
1		8	3		4	6		5
7								1

No 124

6		2	7	3				
7		4						
	3		5				8	
					8		4	
3				7				6
	9		1					
	1				4		6	
						4		9
				6	5	7		2

No 125

	5		1				2	
				2		7		4
						8		9
	9	3			6			
		7		4		2		
			5			4	3	
9		4						
1		8		7				
	7				9		6	

No 126

3		2		4				
		5			2			
			7		5		1	
					6	5	8	
		4		5		9		
	7	8	1					
	6		5		3			
			6			2		
				9		4		5

No 127

2			6		3			9
		9				6		
	1		7		9		4	
3		6	5		2	1		8
4		1	8		6	5		3
	3		9		8		5	
		7				2		
5			4		1			7

No 128

						3		
4	1			3	9		2	6
				8	4			
		7		6			5	
	2		3		7		6	
	5			4		2		
			8	7				
8	6		5	1			9	7
		5						

No 129

2	6	7		8		4		
				2	4	9		
			6			1		
	4							1
	7	5				2	3	
8							6	
		8			5			
		9	4	3				
		6		1		7	4	5

No 130

3		8	7		9	5		6
7			3	4	2			9
5	7		1		4		2	8
	4						6	
8	3		6		7		9	4
6			4	2	3			7
4		7	9		1	6		2

No 131

5				7				6
	2		3		8		5	
		7	4		9	1		
3	8						4	5
		1				8		
7	6						1	9
		5	8		2	7		
	1		7		5		3	
2				9				4

No 132

			6		1	3		
5	1			9				
7					3			
1		2	3					
9				1				5
					4	8		2
			7					1
				5			6	7
		4	1		8			

No 133

			7					4
		1						
	3	8	1	5				
6			2				3	1
		5		1		8		
1	2				4			9
				8	7	3	1	
						6		
2					9			

No 134

5			6		4			3
		3				6		
4	9						7	5
	4			3			6	
9			4		2			1
	6			8			5	
1	3						9	6
		8				2		
2			1		6			7

No 135

	9	5				6	2	
			9		6			
1		2				9		4
6			3		5			8
			7		1			
4			8		2			9
5		9				3		6
			4		7			
	4	3				1	7	

No 136

	7		3			6		
	8	1						3
3			7				9	5
	9				7			
		2				4		
			4				5	
5	2				6			8
6						1	3	
		7			9		2	

No 137

	3			5				
7		5			6			
8		9	1		7			
1		3	2		4	8		5
	9						3	
5		6	7		3	9		4
			5			1	3	6
			6				2	9
				2			1	

No 138

9			8		3			2
	3						1	
1	7						9	6
		4	9	2	6	8		
		3	7	4	5	1		
7	2						8	1
	4						6	
8			5		1			3

No 139

				7		8		
			3		2		6	7
			9		5		2	4
1	4		5		7			8
		9				6		
8			6		1		4	9
3	1		8		9			
2	9		7		4			
		7		2				

No 140

	3			5	9			
	4		2					
	7			1		2	3	8
3						9		
5	2						6	1
		4						3
8	9	6		4			7	
					6		1	
			3	7			9	

No 141

			7	5				4
					8			2
4	8	3		9				5
		7					4	
6		1				2		8
	9					7		
5				2		3	6	7
9			6					
7				1	4			

No 142

3				9				6
		6	1		4	5		
	7		8		2		9	
6		8				4		1
	4						7	
2		7				3		9
	9		4		5		6	
		1	9		6	7		
8				2				5

No 143

6			3	4				
3				1		4	8	2
9					8			
	8					1		
4	5						2	7
		9					3	
			7					1
2	3	7		9				8
				5	3			6

No 144

				5			4	9
		1			6	5		
							3	7
					1	2	9	
	4			9			5	
	2	7	8					
7	9							
		4	7			8		
6	3			4				

No 145

4		8				3		1
	5						2	
		7	8		3	5		
8				1				9
		3	5		9	4		
6				2				8
		1	9		8	6		
	8						1	
7		6				9		4

No 146

			5	6	7			
		7		8		3		
	8	5	2		3	6	4	
	6						7	
		1				2		
	5						3	
	3	9	1		2	4	5	
		2		5		1		
			4	9	8			

No 147

7	8		4		9			
1	9		6		2			
		3		7				
6	1		8		5			3
		8				6		
3			2		7		1	5
				9		7		
			3		6		5	4
			7		1		6	9

No 148

9			6	4	5			7
3		8	9		7	1		5
1	6		4		2		7	8
	3						4	
4	9		7		3		5	1
6		3	2		9	7		4
7			5	6	4			3

No 149

		1			2	3		9
2					1		5	
8	7					1		
9			2					
	4						6	
				6				3
		5					7	1
	2		9					4
4		3	5			8		

No 150

								5
	9	3	1	5		7	6	
			9	4				
2				6		8		
		7	2		5	6		
		8		9				7
				2	4			
	4	6		3	8	1	2	
8								

No 151

		2	1		3	5		
	4		8		6		7	
9								1
7	2		6		1		9	4
4	8		2		5		3	6
3								8
	5		9		8		1	
		4	3		2	7		

No 152

		6	8		2	7		
				9				
4			7		6			2
9		1	5		8	3		7
	5			4			9	
7		4	1		9	5		6
1			6		5			3
				3				
		5	2		1	8		

No 153

			5	9	1			
	7	1	4		2	9	3	
		2		7		4		
	8						6	
		4				2		
	3						7	
		3		5		8		
	1	6	3		4	7	5	
			8	6	7			

No 154

	3		9		1		2	
1			3		2			5
				4				
2	8		7		4		5	3
		4		5		8		
3	6		8		9		7	4
				6				
6			2		8			7
	9		1		7		8	

No 155

				2		7	4	
6					5			
		3	4	6			8	
				9				5
	1			7			2	
8			6					
	7			9	2	1		
			3					9
	2	4		1				

No 156

1					5	8		6
		5			1		7	
	9	3						1
		8	5					
	2						4	
					4	6		
7						1	9	
	5		8			2		
6		2	7					3

No 157

	3		7		8		2	
6			5		9			3
		5		2		6		
	9	1				8	5	
5								4
	8	4				3	6	
		2		8		5		
7			4		6			1
	6		2		1		9	

No 158

6			7		9			1
		7				2		
2		8				6		5
	7		3	4	8		2	
	4		5	1	6		9	
8		1				9		2
		4				5		
9			2		3			7

No 159

	8	1				6	5	
		5				3		
	2		7		3		1	
5			6	9	4			3
7			1	2	8			9
	3		4		5		7	
		8				9		
	5	7				2	6	

No 160

		8				1		
6			3		7			8
	9		2		5		6	
7		3	4		2	6		9
9		4	1		6	3		2
	3		5		8		7	
1			9		4			5
		5				4		

No 161

				4	7	9		
	5	9					4	
	8	7			2		5	
			2			5		
5		8				1		4
		6			4			
	6		4			8	1	
	4					2	7	
		3	9	7				

No 162

						7		
				4	7	1	6	
5					2			
3			5				9	7
		1		7		4		
7	6				9			8
			3					9
	7	6	2	1				
		8						

No 163

6			8			3		7
9						4		6
		4	3	9				
		6			8			
	9	1				7	6	
			9			5		
				3	4	2		
3		8						9
1		7			9			5

No 164

4	8							9
		6		2			3	
1			4			5	8	
					7	1		6
7		8	2					
	9	7			1			5
	3			5		7		
8							6	4

No 165

1			2		5			8
2		3				7		5
	9						1	
		5		9		4		
7			6		1			2
		6		3		5		
	3						5	
6		7				8		4
4			5		6			3

No 166

	5						3	
	8		3		7		1	
4		7		2		6		9
8				3				5
			1		2			
5				6				4
7		3		1		9		8
	2		9		6		4	
	6						5	

No 167

7	9						2	3
3		5		4		8		6
	5		2		3		6	
2								1
	4		8		1		3	
9		4		3		6		2
8	1						9	5

No 168

3			6	5				
7				2		1	6	4
8					1			
		8					7	
1	4						5	9
	6					2		
			7					2
4	7	9		8				6
				9	6			3

No 169

			8	9				
8	4		3	6			2	9
		3						
	3			7		1		
	1		5		9		4	
		9		4			3	
						5		
7	6			5	2		1	4
				8	7			

No 170

2	9				7		1	
				3	2			5
5	1						3	
8					3			
9		1				3		4
			7					1
	3						2	7
6			5	2				
	8		3				4	9

95

No 171

	7		2		6		9	
		3	8		4	7		
1								3
4		6	7		1	9		5
7		9	6		5	8		4
5								2
		2	5		9	1		
	8		3		2		4	

No 172

				3				
	9		6		4		5	
		1	5		9	4		
	1	5	2		3	9	7	
7				1				3
	2	3	7		6	5	8	
		2	9		7	8		
	7		4		2		6	
				8				

No 173

9							5	
				6			2	1
		7	3					
		8			4			2
7	9			5			6	4
6			7			3		
					1	4		
5	6			9				
	2							8

No 174

	1		6		2		9	
	2						4	
5		3		7		8		6
		4		2		9		
			7		1			
		8		5		4		
3		9		1		6		2
	4						5	
	8		5		3		7	

No 175

4		3					1	
	1				8	6	9	
		8			1			7
		6	8					
2								5
					5	9		
8			6			2		
	9	2	7				3	
	7					1		4

No 176

	9	3		8	2	1	7	
				6	3			
								8
5				1			4	
	7		8		5		1	
	4			3				7
4								
			6	5				
	1	6	4	9		5	2	

No 177

3	8		5		1		9	4
1				9				5
			4	3	2			
	7					6		
5								1
	9					8		
			9	7	6			
6				2				8
9	2		1		8		4	7

No 178

9				3				1
			7	4	1			
4	2		6		9		3	7
	9						7	
6								8
	1						4	
2	7		8		6		9	5
			2	5	3			
8				7				6

No 179

		1		7		2		
	3						4	
2			6		9			3
	1	4	9		7	8	3	
			1		4			
	7	9	2		8	1	6	
1			8		6			5
	6						8	
		5		4		9		

No 180

6	7			4			5	1
		2				7		
	3		7		5		6	
7				2				8
			1		9			
4				8				7
	1		8		7		3	
		9				1		
2	4			3			8	5

No 181

				2			7	8
		4	3			2		
							9	6
			4			5		7
8				7				2
5		9			1			
7	9							
		8			9	1		
6	3			8				

No 182

6	7			3			4	8
	2		1		8		7	
	6	7				2	3	
2		5				4		9
	3	9				1	8	
	8		4		2		9	
3	5			6			2	1

No 183

			2	7				
4								
	5	2	4	3		7	9	
7				5			4	
	8		6		7		5	
	4			1				8
	3	1		6	9	5	8	
								6
				2	1			

No 184

9				1	6	3	4	
				5				
	5	6				1	2	
					4	5		9
5								2
2		4	5					
	6	3				7	5	
				6				
	9	2	7	3				8

No 185

	4	1		6				
6			5					9
	7	8						
					2	3		7
		6		4		1		
3		4	9					
						4	7	
2					7			1
				1		8	5	

No 186

		3	1		7			
					3			2
				4			7	9
			3			8		7
9				7				4
8		6			5			
2	1			9				
7			2					
			7		6	5		

No 187

	2		9	5				6
		5			3			
				7			4	9
		6	5					
1				4				7
					8	3		
7	9			1				
			2			8		
4				8	7		1	

No 188

	9				3			
3			4	8				5
8								6
5		7		6				
9		2	8		7	6		1
				9		2		4
7								2
1				3	4			8
			6				4	

No 189

		6	7				5	3
3				6			4	
	1	9				8		
7		1	3					
					2	3		8
		5				9	8	
	4			2				1
6	8				9	7		

No 190

	9	2		7		6	3	
	8		9		5		1	
9	6						7	1
5		8				9		3
2	4						6	8
	1		4		2		9	
	5	4		6		7	1	

No 191

		7	9		2	1		
	1	2		6		9	3	
5								2
	6			4			2	
			8		3			
	2			5			4	
8								3
	5	6		7		4	9	
		3	2		4	7		

No 192

	3						9	
	8	4		1		7	5	
		5	3		9	6		
			8		6			
	9						8	
			1		7			
		1	2		8	5		
	2	8		6		3	1	
	7						2	

No 193

6		8				3		5
4		9		6	5		7	
				8				
1	4				3			
	3						4	
			1				9	3
				3				
	9		8	2		1		6
8		3				4		2

No 194

3	7			2			5	9
	6						7	
5			3		7			1
			2		3			
	4						3	
			6		5			
1			4		9			2
	9						4	
8	3			5			1	6

No 195

	6		7		4		9	
8								6
	5	1		9		3	4	
		5		4		7		
			8		6			
		7		1		4		
	7	2		5		6	3	
1								7
	9		3		7		2	

No 196

8								7
	5		7		1		2	
		6	4		3	9		
6		4	5		2	1		3
9		5	3		7	8		6
		2	8		4	7		
	6		1		5		9	
1								4

No 197

		7		6				
3	8		5		2			
5	6		1					
2	7		9		4		3	6
		8				7		
6	1		7		5		8	9
					1		4	8
			2		6		7	1
				4		2		

No 198

7			9		8			3
		9				6		
	5		2		1		9	
		7	8	2	4	1		
	2						8	
		4	1	9	6	7		
	1		4		9		6	
		5				3		
4			3		7			2

No 199

				6		9		7
	4		7		2			
			4			1		
					4	7	5	
		9		7		6		
	8	5	3					
		7			1			
			8		7		3	
2		1		9				

No 200

		7				1		
	6		3		5		9	
4			2		7			5
		2	6	3	9	5		
	8						4	
		9	5	4	8	2		
7			8		3			2
	3		9		4		1	
		6				3		

No 201

3								4
1			6		3			2
	7	5		9		6	8	
	4			3			2	
			9		1			
	8			5			4	
	2	7		1		3	6	
8			5		7			9
4								5

No 202

				3				
		9	6		2	7		
6			7		9			4
9		5	2		1	8		3
	3			4			1	
7		1	3		8	4		9
5			1		7			8
		2	8		6	1		
				5				

No 203

	2						5	
	5	8	6		7	3	1	
			8	5	1			
	3	4	5		9	6	8	
		6				1		
	8	1	3		6	4	9	
			4	6	3			
	4	3	7		2	5	6	
	7						3	

No 204

			8					1
				2			5	4
		8	5		7			
					8	3		5
4				5				2
3		9	6					
			9		5	6		
1	7			4				
5					1			

112

No 205

						8		7
			7	3		2		1
	5		9				3	
			4				6	
1				7				3
	8				5			
	1				8		4	
2		7		1	9			
6		8						

No 206

	4	5						
2			7					9
	6	1	5	2				
8			3					
		2		5		1		
					9			4
				1	7	6	5	
3					4			1
						8	4	

No 207

			3	8		7		
8		9						6
2		1	6					5
		4	9					
	6	2				1	4	
					6	5		
4					9	8		1
6						3		4
		3		6	8			

No 208

		6	9		3	5		
9			4		2			3
				6				
6		9	1		4	8		5
	7			3			4	
5		8	6		9	1		2
				4				
7			2		5			8
		1	7		6	2		

114

No 209

	4	5		2		3	7	
	2		4		1		8	
8								6
		1		4		7		
			8		6			
		4		3		1		
1								3
	9		1		5		2	
	5	8		7		9	1	

No 210

		8	4		2	3		
		5				8		
7	6						2	4
6				7				8
		1	5		6	7		
9				1				5
3	2						5	1
		9				6		
		4	2		3	9		

No 211

	8		3		6		9	
4		3		2		5		1
	7						6	
7				5				4
			2		9			
8				6				7
	5						7	
3		6		9		1		8
	2		5		1		4	

No 212

8			3		9			5
		5	6		1	2		
	3			2			8	
	7	1				8	5	
3								7
	4	9				3	1	
	2			1			3	
		8	2		4	9		
6			7		8			4

116

No 213

		8			1	4		
6	9			8				
5	2							
			3			2		7
8				9				6
9		7			4			
							2	9
				6			1	5
		3	2			6		

No 214

				1	4		7	8
		2			9			
							4	
8		4			6	3		
	7			4			1	
		5	2			4		6
	3							
			5			6		
4	8		9	7				

No 215

9			1				8	6
	7	5						9
	1		9			4		
			3				6	
		2				3		
	8				1			
		1			8		2	
4						5	9	
6	2				4			7

No 216

	4	1				3	5	
				4				
	6	2		1	3			7
2		9			5			
5								2
			9			5		6
6			4	8		1	9	
				5				
	5	4				8	2	

No 217

		3				5		
	6			8			4	
4			9		7			3
	5	6	7		8	3	1	
			6		5			
	7	8	4		1	9	6	
6			1		9			2
	2			5			7	
		9				1		

No 218

				3				8
			7		6	9	3	
			1		4	7	5	
	8		2		9	5	4	
4								9
	2	5	3		1		8	
	6	2	4		8			
	7	4	5		3			
3				7				

No 219

		2		8		4	6	5
		7			5			
		1	2	6				
5							8	
9		6				3		4
	7							2
				9	2	1		
			3			8		
2	3	4		7		5		

No 220

				1				5
			6		7	1	8	
			9		4	2	7	
		5	8		3	9	2	
9								8
	2	3	4		1	5		
	3	6	5		9			
	9	7	1		2			
1				7				

No 221

		5		1	9	4		
			4					3
		7				1		
				7		5	8	
	7	2	8		1	3	6	
	6	9		3				
		6				8		
9					7			
		1	9	4		2		

No 222

6	2							7
3			6			5	2	
		9		1			8	
					4	3		9
4		2	1					
	8			5		4		
	7	4			3			5
2							9	6

No 223

3								8
1		7				3		9
		2	8		5	1		
	5		7	2	1		6	
	3		4	6	9		8	
		8	3		4	5		
5		3				9		2
7								6

No 224

	1		2		7		6	
		3				2		
4			5		8			9
1		9	8		2	4		3
5		4	1		6	8		7
6			3		5			2
		7				5		
	4		7		1		9	

No 225

	4						9	
	9	2		5		3	1	
		1	2		9	6		
			4		1			
	7						2	
			5		2			
		6	7		3	5		
	2	8		1		4	6	
	3						7	

No 226

			4	6				
	5	4	8	3		9	1	
								3
2				9			7	
	1		2		3		9	
	7			4				1
7								
	9	6		5	7	2	8	
				2	6			

	3			9			7	
		2	3		8	6		
4			5		2			8
	8	6				7	9	
7								5
	5	9				2	1	
2			7		6			1
		1	4		9	3		
	7			3			2	

No 228

	7	3				8	2	
			9		4			
4		8				1		9
	4		6		5		3	
			1		9			
	2		7		8		5	
3		7				2		6
			2		3			
	1	6				3	4	

No 229

	8		1		9		3	
				5				
7			8		3			5
2	7		9		6		5	3
		9		8		4		
6	1		3		5		7	2
1			5		4			6
				9				
	2		7		1		4	

No 230

		7	2	8	1	9		
	3	2	7		9	6	5	
2		3	6		7	8		9
8								6
7		5	4		8	3		1
	7	8	9		4	1	6	
		6	8	1	2	7		

No 231

5			4	6			9		
7			9				3		
			5	3					7
1				3					
4	9							3	8
						6			9
2					5	7			
			3				5		6
			1			3	8		4

No 232

	4							1	
		3	5		1		9		
	1	5		6			7	3	
			4		3				
	2							5	
			6		5				
	5	8		3			4	9	
		9	2		7		6		
	7							2	

126

No 233

6		8	7		5	9		1
		9				4		
			8	9	1			
3		2	5		6	1		8
8								5
5		1	2		9	6		3
			6	5	3			
		6				7		
9		5	4		7	3		6

No 234

	7		6					
						3		
			3	2		1		4
	8				7		3	5
		1		3		2		
4	3		5				9	
3		4		1	6			
		9						
					8		5	

No 235

4	8			7			6	2
6			1		5			9
	1						5	
			7		2			
	5						8	
			8		9			
	2						3	
7			3		8			6
8	3			9			7	1

No 236

1	7		9			2		
		5				9	7	
	4			6				3
			6			8		7
2		3			8			
8				1			4	
	3	9				7		
		1			2		5	8

No 237

		9				5		6
8				3			4	
6	1		5			7		
			3			2	6	
	7	4			2			
		1			7		2	9
	2			1				8
4		5				6		

No 238

3	8			9			2	5
4			5		3			8
		7				3		
	9			6			3	
			1		2			
	3			7		6		
		1				2		
2			3		6			4
9	7			4			5	6

No 239

	8				3			
				6	7	2		1
								7
	7	2			5		9	
1				7				6
	4		8			5	7	
9								
2		7	3	1				
			4				5	

No 240

	4	6		1		9	3	
8								7
		7	2		9	1		
	2			4			9	
			8		7			
	6			9			2	
		1	3		2	5		
4								2
	5	2		6		3	7	

No 241

		7	5		3	6		
8			4		1			2
	6			8			9	
	5	3				4	6	
2								3
	8	9				2	1	
	7			1			4	
6			3		7			8
		2	8		6	5		

No 242

8		9				2		4
3	7						6	8
			6		7			
		4	1		5	6		
			7		3			
		1	8		2	9		
			4		9			
9	5						4	2
4		6				3		5

No 243

1								2
8		3				9		6
		5	3		7	8		
	3		7	2	9		5	
	8		1	6	4		2	
		6	5		8	4		
4		1				3		9
3								5

No 244

							3	4
		9	8			2		
				2			6	7
	1	4			5			
	6			7			2	
			9			1	7	
8	3			6				
		6			4	5		
4	7							

No 245

		2	4		6	1		
	5		8		7		9	
1				5				3
4		6				8		1
	9						6	
5		3				9		7
2				7				8
	1		6		2		5	
		9	5		1	4		

No 246

	6						8	
2		4		1		5		7
	9		7		6		3	
		5		2		8		
			1		9			
		8		6		3		
	5		2		4		1	
4		3		9		7		6
	8						2	

133

No 247

	2	1				5	7	
8								9
9			5		7			3
		2		1		9		
6			8		2			1
		4		6		8		
5			7		3			4
4								2
	7	3				6	8	

No 248

1								8
	6		4		1		2	
	4	3		9		6	1	
		1		5		9		
			7		3			
		5		8		1		
	5	4		2		8	9	
	2		1		5		3	
3								7

No 249

3		5				1		9
		9	7		4	2		
4								5
	4		3	8	6		5	
	8		9	2	1		7	
8								1
		7	6		5	4		
2		3				5		7

No 250

		3	8		9	2		
4	5						9	8
		7				3		
5				4				3
		6	7		5	4		
1				6				7
		1				5		
2	9						7	6
		8	9		2	1		

135

No 251

1				5				2
		3	4		6	7		
	4		1		8		6	
6		9				3		5
	3						8	
7		8				2		4
	6		5		2		3	
		1	8		7	4		
4				6				9

No 252

			5				6	
5	1	9		3			8	
				9	8		7	
8						6		
1	2						9	4
		3						5
	7		8	4				
	5			6		2	1	8
	3				2			

No 253

3		9	1		5	2		4
4								7
			2	4	3			
6		8	9		1	3		2
		3				1		
2		1	4		6	8		9
			8	1	9			
9								5
1		4	5		7	9		8

No 254

6								8
9		3		2		5		4
		4	8		6	7		
			7		9			
8								9
			5		2			
		2	9		1	4		
1		9		7		6		2
5								1

137

No 255

		9				4		
2				7				1
	1		4		9		3	
9		6	8		2	3		7
			7		3			
3		4	9		5	8		2
	6		2		4		5	
5				8				3
		7				6		

No 256

4	1						5	7
		2				8		
		8	5		7	9		
	6			3			2	
		3	2		4	1		
	4			1			8	
		5	7		9	6		
		6				4		
7	9						3	2

No 257

9					5			2
				2		1	7	
						6	5	
					9	4		5
		8		6		2		
4		6	3					
	5	1						
	6	2		8				
8			7					3

No 258

	5		8			7		
1			6				5	2
	4	3						6
	2				9			
		9				5		
			7				8	
4						3	1	
2	8				7			4
		6			4		7	

No 259

		4			6	9		
1	3			4	5			
7	5							
		2			8			
	4			5			3	
			9			7		
							2	7
			6	3			1	5
		8	7			3		

No 260

		7	5		3	8		
1								7
	2	9		8		3	6	
	9			3			5	
			1		7			
	5			2			3	
	4	5		9		6	7	
2								5
		8	6		5	4		

No 261

			8	9				
	3	5	4	7		8	2	
7								
	6			5				1
	5		1		7		3	
3				8			6	
								6
	4	1		2	6	9	5	
				1	9			

No 262

				8	2		6	7
		1			3	8		
							5	3
		5	1					
	4			7			8	
					9	3		
3	7							
		4	2			9		
6	8		7	4				

No 263

6								4
	4		6		5		8	
	8	2				7	5	
		8		9		6		
	3		5		1		7	
		6		4		5		
	6	7				4	3	
	2		3		6		1	
1								9

No 264

		8	1					
4								2
1				4	3			7
				8			9	3
8	9		6		4		2	5
7	6			2				
5			3	1				4
6								9
					2	3		

No 265

1	4			7	5		9	8
		5						
				8	1			
	5			6		3		
	3		8		2		4	
		8		4			5	
			6	1				
						2		
6	7		9	2			3	4

No 266

7		2	1		6	8		4
			2	8	5			
		1		7		6		
4								7
		6				1		
3								9
		4		5		3		
			7	9	3			
2		9	6		4	7		5

143

No 267

						7		3
				8		4		2
	1				6		8	
	3	5	9					
		4		2		8		
					1	2	5	
	4		3				9	
6		7		4				
3		2						

No 268

4			6	5	9			7
6	1		4		7		8	3
8		4	2		5	9		1
		5				3		
1		6	3		4	7		5
5	4		7		2		3	9
3			5	9	6			4

No 269

5			9			6		
	9		5				7	3
2		4					9	
			1					7
		8				1		
3					5			
	6					4		9
8	7				6		2	
		5			3			8

No 270

		4				6		
1			8		3			5
	5		7		2		4	
	7	2	3		9	5	1	
	1	9	5		6	2	3	
	6		9		1		8	
2			4		8			7
		8				9		

No 271

3		8	9				6	
		2		1				4
	5					8	9	
			1				7	8
6	4				7			
	9	4					8	
7				3		2		
	3				6	5		7

No 272

5								
				2	1			
	1	9		6	5	4	2	
2				9		5		
		7	2		8	9		
		5		3				7
	3	6	4	8		7	9	
			3	1				
								8

No 273

4		7			5		1	
8				1		7		
	3						6	2
					7	5	2	
	7	3	9					
3	6						4	
		2		9				8
	5		6			1		3

No 274

				3		5		9
	6		7				3	
						8		1
2	8				4			
9				5				3
			6				2	5
5		8						
	9				8		4	
1		7		9				

No 275

6	1		8		9		3	7
4				1				9
			6	7	4			
	6						9	
2								8
	7						4	
			3	5	1			
8				6				2
5	9		2		8		6	3

No 276

1		9		7		8		4
		2	8		3	7		
	5						2	
9				8				3
			2		5			
3				1				8
	1						3	
		7	3		4	6		
6		3		9		4		2

No 277

		9	4		7	1		
	2		3		8		5	
7								3
9	3		2		4		7	6
1	4		5		6		8	9
8								5
	9		6		3		1	
		4	7		5	2		

No 278

				7	2	8		9
								6
	1				3			
	6		1			9	8	
4				8				7
	8	1			5		3	
			2				5	
8								
7		9	8	4				

No 279

			4	8		6	1	
2			3					8
						7	3	
7					2			
		5		1		8		
			9					3
	3	1						
5					4			9
	6	8		5	1			

No 280

	2		8		5		4	
7		8		9		1		6
	3						5	
3				1				7
			9		4			
2				5				3
	1						3	
8		5		4		6		2
	9		1		6		7	

No 281

4	6	9		5		1		
			6			7		
				2	4	3		
1							7	
2		8				6		9
	5							4
		3	4	8				
		5			1			
		4		7		9	8	1

No 282

			3			1		
				7		4	6	
3			6		9			
2		8	5					
		4		6		7		
					3	6		8
			2		6			5
	9	1		4				
		6			1			

No 283

			7	1			8	
					4		6	
3	8	4		2			1	
7						8		
5	9						4	6
		2						7
	1			6		9	7	3
	2		9					
	7			5	8			

No 284

4	1						9	6
			9		3			
	7	9				1	3	
6			5		1			9
			2		4			
3			8		7			5
	8	6				2	4	
			6		2			
7	9						8	3

No 285

	9		7		4		6	
		5				4		
4			5		2			1
2		8	3		5	6		9
3		6	8		1	5		2
7			9		6			8
		1				7		
	8		4		3		2	

No 286

9			7		2			1
6	2			4			3	9
4		1				9		3
	5	6				8	1	
2		7				5		4
1	7			3			4	8
5			6		1			2

153

No 287

	1		2		8		4	
8								2
		4		5		7		
9		7	6		2	1		8
			1		5			
1		5	7		9	2		3
		1		9		6		
3								5
	6		8		7		3	

No 288

	6	3						4
7					4		1	2
	1				8	5		
					5		8	
		9				1		
	2		9					
		4	6				5	
2	8		5					6
6						3	7	

No 289

8		4			6			
	9			8				
1		2	3		4			
6		8	4		9	7		1
	1						9	
9		3	5		7	8		2
			8		3	6		9
				5			3	
			6			1		5

No 290

					7		6	
			3	8			9	
8	1	7		4			3	
4						7		
	2	1				5	8	
		3						6
	7			6		3	1	2
	9			5	3			
	4		2					

No 291

				6	3		1	
			7				8	
7	5	3		2			4	
		4						8
	9	6				5	7	
2						3		
	3			8		4	5	9
	2				4			
	1		3	9				

No 292

		4	6		9	1		
	8						9	
7			8		2			5
	5	2	3		1	6	7	
	7	9	2		4	8	3	
2			1		8			4
	6						1	
		7	9		3	5		

No 293

		7	9					
		5		6		4	3	9
		1		2	3			
7							5	
	4	9				8	2	
	3							6
			3	8		1		
8	5	4		7		3		
					5	6		

No 294

		1						
	2	9		3	5			
					6			8
2	9		8					1
		3		2		7		
6					4		8	2
4			5					
			2	7		3	9	
						2		

No 295

	6		5			7	3	
		7	4					2
9		8					5	
		3			1			
1								7
			2			4		
	8					6		9
5					8	2		
	3	4			2		8	

No 296

			9	2				
9		4	1	5		6		2
	1							
	2			4		1		
		8	3		2	4		
		1		7			8	
							3	
7		5		3	6	8		4
				9	7			

No 297

3			5		2			4
		6		7		3		
	8		9		1		7	
1		3				2		5
	5						8	
8		9				7		6
	7		4		5		3	
		1		9		4		
2			3		7			8

No 298

8			1		3			7
		1				6		
	2		9		4		5	
	6	5	4		1	2	7	
	3	4	7		8	5	9	
	1		6		9		8	
		9				3		
2			3		7			5

No 299

			3					5
	4							
	1	8	6	7				
8		1			5			4
	7			8			9	
3			2			5		8
				9	8	1	7	
							8	
2					6			

No 300

			2	1	7			
2	1		4		9		7	3
	8						1	
7	2		3		4		6	5
4								7
5	3		1		6		2	4
	9						3	
3	5		9		8		4	1
			5	4	3			

No 301

	9		4		8		2	
		2		1		8		
1			6		7			9
2		9				5		6
	5						8	
8		6				3		4
4			3		1			2
		8		6		1		
	3		2		5		7	

No 302

	5		9		3		8	
3								9
		2		4		5		
9		8	3		1	2		7
			4		8			
6		3	7		2	4		8
		1		7		8		
4								6
	6		2		9		1	

No 303

		6	7				1	
4			9			6		5
	2	3						9
		5			8			
	8						6	
			1			7		
3						4	2	
5		7			1			3
	9				3	1		

No 304

		8	4	9	1	5		
	7	3	8		5	1	2	
8		9	5		3	2		1
3								9
4		2	9		6	7		5
	3	4	6		8	9	5	
		5	1	4	9	3		

No 305

		4		6		9		
5			7		2			4
	3						5	
	5	8	2		6	3	9	
			9		3			
	7	9	4		8	2	6	
	8						7	
1			8		7			9
		2		3		1		

No 306

3		1	6		5	2		7
2								5
			2	3	7			
4		3	9		1	7		2
		8				3		
9		7	3		2	8		4
			8	1	4			
1								6
8		2	5		3	4		1

No 307

		2				6	7	
		9			2	1	4	
	3			6	5			
					7		8	
8	4						1	2
	9		2					
			6	2			5	
	6	4	7			8		
	5	8				2		

No 308

			1			8	6	
				6				4
			7		4	1	2	
	2	4	6		5	7	3	
8								2
	1	7	9		2	5	8	
	8	3	4		9			
2				7				
	7	9			1			

No 309

		4	1		7	3		
3		5		2		6		9
1								7
			5		2			
9								1
			4		9			
8								5
2		7		4		9		8
		3	9		8	2		

No 310

6	9			2				
		2			3	1		
4	3							
7		3			1			
2				4				5
			8			7		4
							3	6
		8	9			5		
				5			4	2

No 311

	5					7	8	
2		7	8				9	
		3		4				1
			4				6	7
9	1				6			
6				2		3		
	2				9	5		6
	8	1					7	

No 312

	8		3		2		6	
		2	1		8	9		
				9				
	7	5	2		4	1	8	
8				7				4
	2	4	8		6	5	9	
				4				
		7	5		1	3		
	1		6		3		5	

No 313

			1	2				
							4	
1		6	9	4		8		3
	7			3		5		
		8	7		4	3		
		5		1			8	
2		3		6	5	9		7
	5							
				7	2			

No 314

9	3						7	
	2		3			1		9
		5		8				4
					6	2	5	
	6	9	8					
4				1		6		
7		6			2		1	
	9						3	5

No 315

6	4						2	8
		7				9		
8			9		6			7
	9			1			8	
4			6		5			3
	6			7			9	
5			3		9			2
		1				5		
3	7						4	9

No 316

		8				6		
9			6		8			3
5		3		1		7		4
			1		5			
		7				8		
			7		9			
6		1		9		2		7
3			2		7			1
		2				5		

No 317

		4	9		3	6		
	1	5		8		9	7	
2		8				1		9
5	9						6	3
6		1				4		7
	8	2		1		3	4	
		9	4		7	2		

No 318

	2						9	
9			2		6			7
7		1				3		6
		7		5		2		
8			6		4			3
		2		9		6		
2		3				9		8
1			8		2			4
	4						5	

No 319

		6			4	3		
7	1			6				
9	5							
			2			5		8
6				1				7
1		8			3			
							5	1
				7			4	9
		2	5			7		

No 320

				4			6	3
		1	7		3			
					1		2	
	5	8			9			
	6			3			4	
			1			5	3	
	3		2					
			3		8	9		
7	2			6				

No 321

				6			2	1
			2				8	
		7	8		4			
					7	4	5	
	9			8			6	
	8	5	3					
			1		8	3		
	2				3			
8	6			9				

No 322

5		4	9		8			
	1			7				
7		2	4		3			
8		5	6		2			1
	2						8	
1			7		9	5		6
			5		7	8		4
				4			7	
			8		1	6		3

No 323

4		2	1				8	
	5					2	1	
		9		6				7
			6				3	2
8	7				3			
3				4		9		
	1	7					2	
	4				8	5		3

No 324

	2	3	5		6	1	7	
		7	8	1	3	2		
8		4	2		7	3		6
3								7
2		9	3		5	4		1
		2	1	3	8	6		
	4	8	6		2	7	9	

No 325

8	6			4	5			
	9							
					3	7		
		3			1	8		7
	4			8			2	
6		8	7			9		
		1	5					
							8	
			8	2			4	6

No 326

8			9		3			4
	9		4		2		3	
				5				
3	8		5		1		6	9
		6		8		5		
5	1		2		6		7	3
				7				
	6		1		4		2	
1			6		9			7

No 327

			7		9	2		8
				3			5	
			6			7		3
2		3	1		4	9		5
	5						8	
8		1	5		7	3		6
4		8			6			
	9			4				
5		6	9		3			

No 328

				8		9	4	
						2	6	
7					5			8
2	3		1					
	4			9			8	
					7		9	3
4			2					1
	9	2						
	6	5		4				

No 329

			9				1	
				6	7		4	
5	4	9		2			6	
7						4		
8	3						9	1
		?						7
	6			1		3	7	5
	7		4	8				
	2				3			

No 330

9				3				2
6		5	9		4	3		1
			2	6	1			
		9				1		
4								7
		2				6		
			3	8	5			
5		1	4		7	9		8
7				1				4

No 331

9	8			4				
			1		2	5		
2				9				
3		1	5					
4				2				7
					6	3		2
			6					9
		6	2		8			
				7			2	4

No 332

	7	4			8	2		
		8					6	1
5					3		7	
	3				5			
7								9
			9				4	
	5		6					8
1	2					6		
		6	5			4	3	

No 333

7		9		6		3		5
4	8						1	7
	9		1		7		5	
1								2
	6		3		2		7	
3	2						8	9
8		6		7		5		1

No 334

	9		3		8		4	
	6	4		2		7	5	
		3				8		
			6		2			
		7				3		
			9		7			
		1				6		
	8	2		9		1	7	
	4		7		1		2	

No 335

		7	9		1	3		
4			7		5			9
	1			8			2	
	5	8				7	6	
2								5
	9	3				2	8	
	2			1			7	
7			3		2			6
		6	8		4	1		

No 336

			2		9			
	3	7				6	8	
9		4				7		2
	6		1		5		2	
			9		4			
	1		7		8		3	
5		3				8		6
	2	6				5	4	
			6		3			

No 337

5		3	7	9			1	
				2				
2		9				7		4
					6	4	5	
	4						3	
	3	6	4					
4		2				8		3
				4				
	5			8	2	9		6

No 338

	1	4	9		3			
	6	2	4		7			
3				1				
	7		2		5	9	4	
4								5
	2	9	3		8		7	
				3				7
			8		4	1	9	
			1		6	5	3	

No 339

				4				
	2		3		6		5	
6			8		5			7
8	7		9		3		2	5
		6		1		4		
3	9		4		2		7	8
9			5		4			1
	3		1		9		8	
				3				

No 340

	1	4		5		7	6	
2			9		1			3
8								9
		2		9		8		
			3		5			
		8		6		4		
6								8
5			7		6			4
	9	1		3		2	7	

No 341

9		6				4		3
	1	3				9	5	
			3		6			
	3		8		9		1	
			7		5			
	8		2		4		6	
			1		7			
	6	2				3	4	
7		5				2		1

No 342

2			9		1			4
	6		8		5		3	
		7				8		
9		2	6		3	1		5
6		4	1		8	2		7
		5				9		
	2		5		6		4	
3			7		9			8

No 343

7			4	9	3			2
3		8	2		7	6		1
8	3		7		1		2	9
	9						1	
6	7		9		5		4	8
9		7	5		2	1		4
1			3	4	9			7

No 344

		5	2		6	7		
2		1		3		5		9
	6	2				3	4	
4	1						8	7
	7	3				9	5	
6		7		9		8		3
		4	7		1	2		

No 345

	3						2	
1			9		2			8
9	2			4			1	6
			3		1			
	5						9	
			4		9			
7	9			1			8	3
8			5		6			4
	6						5	

No 346

			9	3	4			
	2	4	1		7	3	6	
		7		2		1		
	6						2	
		1				7		
	5						8	
		6		9		5		
	4	8	6		1	2	9	
			5	8	2			

No 347

		1	3		4	6		
4	3						9	8
		6				7		
6				8				9
		8	9		7	5		
7				5				2
		9				2		
5	7						3	1
		2	1		3	4		

No 348

				7				2
			3		1	9	7	
			6		4	3	5	
	2		8		9	5	4	
4								9
	8	5	7		6		2	
	1	8	4		2			
	3	4	5		7			
7				3				

No 349

	4		1		2		3	
6		5				2		1
	8						4	
7				9				8
	9		8		5		6	
5				6				4
	7						5	
3		2				8		9
	1		2		3		7	

No 350

		6				2		
4			2		1			6
1	3						8	4
	2			5			4	
3			1		9			7
	1			6			2	
7	6						3	2
9			7		2			8
		5				9		

No 351

	5	7				8	1	
		8	7		4	2		
2								4
	4			3			8	
		5	9		7	6		
	7			2			4	
3								9
		9	4		6	1		
	2	6				4	5	

No 352

		9				6	7	
	7			9	1			
		6			8	2	1	
	6		8					
9	5						2	6
					9		3	
	2	5	9			3		
			7	1			4	
	8	1				9		

No 353

3	8					7		
1					7	4		
		7			1	6		5
5			1					
	2						9	
					9			6
2		6	4			3		
	1		5					2
		4					8	7

No 354

8	5		3					
		6		8				
9	3		4		6			
5	2		7		9		4	3
		9				5		
1	4		8		2		6	9
			6		7		1	5
				4		9		
					3		7	4

No 355

							4	
2			8					
			1	5		9	3	
9		2	6					8
	7			9			5	
4					2	3		9
	5	3		7	9			
					1			6
	9							

No 356

	1						5	
		2	7		6	1		
4		6				7		3
6				3				9
		7	9		1	4		
8				5				6
2		8				9		4
		3	6		9	8		
	6						3	

No 357

							9	
				5	3	4	1	
7					2			
4		7			6			2
	8			4			5	
9			7			1		4
			3					6
	5	1	4	8				
	4							

No 358

				6	8	7		
			5			1		
4	5	7		3		6		
	3							8
9		2				5		1
8							7	
		6		1		8	2	4
		3			2			
		8	7	9				

No 359

	9	5		7				
		4					3	
			2					8
3			8				4	
	1	7		9		5	8	
	5				1			6
1					6			
	7					9		
				5		4	2	

No 360

4				7		2		
	9	5					8	
	7				6	1		4
			3				4	8
6	5				4			
7		8	9				6	
	1					8	9	
		2		3				5

Tough
Puzzles

No 361

		4	1	2				
			9					
						3		
5	3							7
2				8				1
6							9	4
		1						
					5			
				7	3	6		

No 362

	4				3	7	1	
		6	5					4
			8					6
	9	4		7	8			
			6	5		2	9	
9					5			
4					9	8		
	7	8	3				5	

No 363

	9	8			3	2		
4			6					
2			5				4	
				9	6	1	2	
	7	1	4	5				
	6				1			2
					5			1
		5	3			9	6	

No 364

					5			
		4					3	6
			8	4			5	
1				3			6	
2			9		4			7
	4			2				9
	2			7	8			
3	6					7		
			1					

No 365

6		5						7
			1		8	2		
8	3							
	1			3				
		7	6		2	4		
				1			3	
							2	6
		2	9		7			
4						5		8

No 366

8	6	5						
4			9		6			
	9			8	7			
			8	3			2	
		6				1		
	3			9	5			
			7	4			1	
			1		2			8
						7	9	5

No 367

	9		3				6	
6	1		9			7		
8					7	5		
3	5							
		8				9		
							2	4
		6	8					5
		9			5		7	2
	7				3		1	

No 368

	9				5		4	
		6	2					1
		7			1		9	8
5	1							
		2				7		
							8	3
6	4		7			9		
2					9	1		
	7		5				6	

No 369

		5			6			3
6	4							
		2			4	6		
4	1				5	8		
			1		2			
		8	3				5	1
		1	4			9		
							3	6
5			7			2		

No 370

	6		7					
		8		4		2		5
4						1		
	8		2		6			
		2		1		4		
			9		4		3	
		3						7
1		5		2		3		
					8		9	

No 371

	2				7			
3	1				9			6
		5		3			4	
			1			4	6	
4								3
	8	2			5			
	7			6		1		
5			9				8	4
			8				5	

No 372

	6	4		5				
					1	6	5	
2					7	3		4
	5					4		1
1		7					2	
3		2	8					6
	7	8	9					
				4		2	7	

No 373

	4	6	9					8
	1			3			2	
2			6					
	5	8	2					
1								7
					4	9	5	
					3			4
	7			1			3	
3					7	2	9	

No 374

							3	8
			9			7		5
				5				2
	6		2			4	5	
		3	7		9	8		
	1	4			8		7	
4				1				
7		1			6			
2	8							

No 375

	4				7			
	9	7		8		2		
					2		1	4
	6				1		3	7
5								2
7	2		8				4	
8	5		6					
		6		1		9	8	
			3				7	

No 376

1		8	4					9
		9	8					
	3			6		2		
					9	8	7	
5								1
	1	6	3					
		1		5			9	
					2	7		
6					4	3		5

No 377

				3		8		
					9	3	4	
						7		5
6	2		7					4
	5		9		4		7	
1					8		2	3
7		8						
	6	4	1					
		2		6				

No 378

4				9	3			
1	6					9		
			4					
	2			5				9
	7		9		2		5	
6				1			8	
					8			
		7					1	6
			3	7				5

No 379

	9			8				5
		4	6					
	1	2					3	
6				1				7
			4		6			
2				5				8
	8					1	2	
					4	5		
5				3			9	

No 380

6	7			1				8
9							4	
					8	2		
			5		1	3		
1				7				6
		4	6		2			
		5	3					
	1							7
3				6			8	9

No 381

	8			5				4
					2	8		
3						1		6
	9			1			7	
			2		9			
	6			8			3	
1		6						5
		2	9					
4				3			8	

No 382

		6		2		3		
7		9			5		8	
	3				7			
8		1			3			
	6						4	
			9			1		5
			2				9	
	2		4			5		3
		4		6		2		

No 383

5							8	
			4	7	9			
					3			
						9		3
7				2				6
8		1						
			1					
			5	8	6			
	3							4

No 384

9				5	6			
7	2	5						
		1	9		7			
			5	8				3
	7						4	
8				9	2			
			4		3	5		
						2	6	9
			6	1				4

No 385

	5							2
4	9			3			5	
			8			7		
			1		7	5		
	3			4			1	
		8	6		3			
		6			2			
	8			1			3	9
1							4	

No 386

1			9		8	3	6	
		5				4		
8			6	5				
					3		9	2
		3				1		
5	6		1					
				7	6			3
		6				2		
	8	4	2		5			7

204

No 387

	7	9			8		3	
				5		9		4
4		8			6			
2						5	1	
	1	4						9
			1			3		2
3		5		2				
	9		4			7	5	

No 388

	2	3						
			8		3			4
9		7				5		
	8			2				
5			7		4			6
				8			2	
		6				3		9
4			1		5			
						7	4	

No 389

			3		5		7	
						8	9	4
				1	4	5		
		2	9	8				
6								5
				2	7	3		
		8	4	7				
9	7	6						
	1		6		8			

No 390

	8	3				6		
5		9						
			7		2		5	
4				1				
	6		5		9		7	
				4				1
	5		3		1			
						3		4
		7				9	8	

No 391

			3					
	5							
			4	9			7	
3		7				2		
		4		1		9		
		6				8		5
	2			6	5			
							4	
					8			

No 392

	2			6				7
			1				3	
		9	4			6	5	
2	9				5			
		6				2		
			7				8	3
	8	2			4	7		
	7				8			
5				9			1	

No 393

1			9	6				
					3			
7	2					6		
	3			2				7
	1		8		4		6	
8				1			4	
		8					7	2
			5					
				8	9			5

No 394

2					5			6
	9				2			8
						5	2	
3					8	7	5	
			7		6			
	7	8	9					3
	2	9						
6			1				8	
4			5					7

No 395

					6		5	
3		9		8				6
7						4		
			1		8		2	
8				7				4
	6		4		5			
		2						3
9				4		7		8
	1		9					

No 396

2		4	8					
7				4				
6	9							
	4	7	9				2	
		3	5		2	9		
	8				6	7	1	
							3	9
				1				6
					5	2		1

No 397

			5					
	2					8		
			1	7	9			
3	8							
	7			4			6	
							5	1
			6	8	2			
		5					9	
					3			

No 398

8						5		
6		1		2				3
			3				9	
	3		9		5			
2				8				5
			2		7		4	
	7				1			
1				5		8		2
		4						6

No 399

		8	9		1		7	6
		1	6	4				
	4						2	
					7	3		9
	7						8	
6		4	8					
	6						3	
			5	6	7			
1	2		3		4	5		

No 400

					1			
			7	3	5			
6							8	
	3	1						
	4			9			7	
						2	6	
	5							3
			2	4	8			
			6					

No 401

6					1		8	4
					9	2	7	
	4	7		2				
		2					4	9
9	1					6		
				4		1	6	
	5	1	3					
8	6		5					7

No 402

					5			
		4		6	7			
						8		
	3						4	5
	6			1			7	
8	9						2	
		7						
			8	2		3		
			9					

No 403

		2						5
					4		3	
6		7		8		2		
			3		9		2	
		8		6		9		
	4		8		1			
		4		9		8		7
	1		5					
9						6		

No 404

			6				3	
		7						1
4		2		5		7		
	6		9		5			
		5		4		8		
			8		3		7	
		6		8		5		2
8						4		
	9				1			

No 405

			3			6		
6		9	8					
	8			4		5	3	
		6			4	8		3
8								7
3		1	9			2		
	5	4		9			2	
					2	7		4
		3			1			

No 406

					9			
		5						4
			3	8	6			
							1	5
7				2				8
9	6							
			4	5	7			
3						9		
			1					

No 407

7	5			2			6	
4			8					
			6			7		3
8		4			2			6
		9				3		
1			7			4		9
2		1		9				
				4				1
	9			7			4	5

No 408

		8			9	5	6	
4	5			1				
					2		4	1
	9	2						8
1						2	5	
9	3		7					
				5			8	9
	8	6	3			4		

No 409

			1		9	8		
4		2						6
1	3							
	9			3				
		6	8		4	7		
				9			3	
							8	4
7						2		1
		8	6		5			

No 410

	8				4		2	
		5			8		1	
						8		4
	7				1	4		6
			6		2			
1		6	5				7	
5		8						
	2		3			1		
	9		4				6	

No 411

	8			6		3		
			9					8
		5				2		4
	2			8			5	
			1		9			
	1			4			7	
2		4				6		
9					1			
		3		5			8	

No 412

		8	1					
			2			4		3
	9	3		7			2	
8		1			7	2		
5								4
		6	3			5		8
	5			3		9	8	
6		7			5			
					8	6		

No 413

	5	1	4					
	4			9	7			
							9	
		6		7				8
		3	5		2	9		
1				3		6		
	3							
			8	2			5	
					3	2	4	

No 414

		1	8			3		
9		3	5				4	
5					2		6	
7		9						
	4						2	
						5		8
	5		3					2
	3				4	1		6
		6			8	4		

No 415

			2		5		3	
						2	4	1
			9	4		5		
			1	5		7		
8								2
		6		7	4			
		8		3	9			
9	1	5						
	4		6		8			

No 416

		7						1
			2					
			9	4	5			
	6	1						
		5		3		8		
						4	2	
			7	8	6			
					1			
4						9		

No 417

			6				8	
3		4		5		6		
		2						9
			5		1		7	
		5		3		4		
	9		8		4			
5						3		
		7		4		2		6
	1				7			

No 418

							9	5
			2			4	3	
				3			6	
7		8			9			4
		5	4		2	9		
1			6			8		3
	8			7				
	4	7			1			
9	6							

No 419

					2	3	4	
8		6		1				2
		4		8				
	8	2	1			4		
	9						2	
		7			3	5	8	
			5			8		
7				3		1		6
	1	9	7					

No 420

8					7			1
	4				1	8		6
	5		4			2		
						7		5
	1						2	
9		3						
		5		2		8		
4		9	5				1	
6			7					4

221

No 421

2	5		3			6		
		7	5					
9				1				7
					2		3	4
		9				8		
4	6		7					
8				9				1
					1	2		
		1			8		7	3

No 422

					5			
1						4		
			3	6	2			
						1	9	
		8		7		3		
	5	6						
			9	8	4			
		2						6
			1					

No 423

			9		4	5		
2		6						7
1	5							
	3			8				
		7	5		1	9		
				3			8	
							3	2
9						6		1
		5	2		8			

No 424

		2		4		3		9
6	1		2					
			3					1
1					4		3	2
	2						7	
5	3		6					8
3					5			
					8		4	7
4		9		6		8		

No 425

	3						1	
			3	4				2
	8	7	6		1			4
6		3			9			
	2						9	
			2			5		1
9			7		5	3	2	
7				6	3			
	6						8	

No 426

			7			3	4	
						5		9
				3		6		
2			6				1	3
	9		4		7		5	
8	1				5			4
		1		8				
5		6						
	8	4			2			

No 427

		7				5		
3			5	6				
6			1		7	4	8	
					2		5	1
		2				3		
7	9		3					
	5	3	8		9			2
				1	5			8
		4				1		

No 428

	1	6	8		9			4
	7						8	
				4	7			5
9		7	2					
	5						2	
					5	3		8
6			7	9				
	9						1	
2			3		6	7	5	

No 429

4	2				6			
	6		9	3				
							3	
1				9		5		
8			7		2			3
		4		8				1
	8							
				7	5		2	
			8				6	7

No 430

6							1	
			7			4		
8	5			9				7
			9		3	2		
9				6				1
		7	4		1			
5				1			6	9
		3			5			
	2							8

No 431

	4				8			
					5		9	4
	2	8		7		5		
8	5		7				4	
6								5
	1				9		3	8
		1		9		2	7	
7	6		1					
			3				8	

No 432

	1			7		8	5	
2		6	1					
			5			2		
		2			7	1		5
1								4
5		3	6			9		
		5			3			
					9	4		7
	8	7		6			9	

No 433

2			9				1	8
	8	3		6				
			7			6	3	
		6					8	7
7	9					2		
	5	9			4			
				8		9	2	
1	2				5			3

No 434

9	4		5			1		
1				3				5
		8	1					
					4		7	6
		5				3		
6	9		8					
					2	4		
4				1				3
		7			9		2	8

No 435

		2					8	
4					3			
	3			7		6	9	
5			1		7			
	9			6			7	
			9		4			2
	8	3		9			5	
			5					1
	6					7		

No 436

1			4		5			
		5	2	3				
3	8	4						
				6	3	7		
	4						9	
		6	8	5				
						5	2	8
				1	2	9		
			7		9			3

No 437

	4		5					
	7		4					9
9		1			2	5		
7		4	9	1				
				5	8	4		6
		7	2			3		1
8					5		7	
					9		8	

No 438

	7	4						5
		6	2	5				
					9			
	9			7		4		
	6		3		8		5	
		3		6			8	
			1					
				3	2	1		
3						7	4	

No 439

	9	7	2			4		
6	3		8					
				6			7	3
	7	8						6
4						8	2	
2	4			7				
					5		1	2
		3			1	9	4	

No 440

1			5	8				
6		8			9			
								9
	5			7		3		
		4	1		8	9		
		3		9			2	
4								
			6			2		1
			4	7				6

No 441

	1							2
		8			4			
4				5			6	9
			9		8	1		
9				6				5
		7	3		5			
2	4			9				7
			7			3		
6							5	

No 442

			6					
4								
			9	8				3
	5					4	7	
	9			1			8	
	3	6					2	
2				5	4			
								9
					7			

No 443

	8	6						
			7		4			6
9	5						3	
		2		1				
3			8		6			4
				2		1		
	4						8	9
6			1		5			
						2	5	

No 444

	7	2		4				
6					9		5	7
					8	4	2	
		4					7	8
8	9					6		
	3	9	1					
5	6		3					2
				7		9	6	

233

No 445

	1			4				3
		3	8					
	5	2					9	
7				2				6
			6		8			
9				3				5
	4					5	2	
					6	8		
3				9			1	

No 446

6			7					4
	5		3			9		6
	2				8	3		
						1		9
	8						5	
3		7						
		8	6				3	
4		2			5		6	
5					7			2

No 447

8						6	2	
					5			
			4	8			5	
		7		2			6	
		9	3		8	1		
	8			9		3		
	9			1	4			
			7					
	6	2						1

No 448

	5		1				4	
		9			3			8
		3	4				2	5
							9	1
		4				8		
6	7							
7	3				9	4		
9			8			5		
	2				1		3	

No 449

		8		5			6	
	3		4					
7	4		2					3
					3	9	4	
1								7
	5	7	8					
5					2		8	1
					6		9	
	7			1		3		

No 450

2			1					6
4		6	2				7	
		8			7		5	
5		1						
	8						2	
						3		9
	6		8			5		
	2				5	9		7
7					1			4

No 451

			8	4			5	
			2		5	6		
						4	2	3
	1			7	4			
9								2
			3	5			7	
8	5	3						
		4	1		9			
	9			6	8			

No 452

1		3	5				9	
		9		2		5		
	6		9					
					1	4		8
	5						2	
3		4	6					
					7		1	
		1		9		2		
	8				3	6		7

No 453

3		2	6				9	
	8		2					
4				5				8
					3	6		1
	4						7	
1		9	8					
7				4				5
					5		3	
	5				7	8		6

No 454

	9			7		4		
		8				5		2
					1			9
	5			9			8	
			1		3			
	3			2			6	
1			3					
5		2				7		
		4		8			9	

No 455

5		8	7					
	7			6			1	8
			3					9
7					6	9		3
		5				2		
2		9	8					4
4					9			
1	9			8			2	
					2	4		6

No 456

	1	9	2		8			6
				6	4			5
		4				2		
8	4		7					
		5				7		
					5		3	2
		8				9		
1			4	8				
7			3		1	5	4	

No 457

			7			4		
	9							6
5	1			8			7	
			8		3	2		
	8			9			6	
		7	4		6			
	5			6			8	9
2							1	
		3			5			

No 458

							9	1
5						2		8
		6	1		7			
				9			7	
		4	6		8	5		
	9			7				
			5		3	6		
1		2						4
8	6							

No 459

			2					
5						6		
			7	8	1			
6	4							
1				3				9
							2	8
			5	9	4			
		8						7
					6			

No 460

	2		9			8		
4					7			5
	9				5	4		6
						7		2
	5						8	
3		1						
9		3	2				5	
6			7					9
		2			8		4	

No 461

			3					
				8	6		2	
		8					4	7
9				2			5	
8			9		5			2
	4			7				3
4	7					5		
	1		6	5				
					1			

No 462

5							4	
			8			3		
9	2			6				5
		8	7		6			
6				2				1
			1		3	5		
8				1			9	6
		7			4			
	1							2

No 463

			4				1	
9						8		
7		3		5				9
	4		6		5			
5				3				2
			2		1		9	
4				2		7		5
		2						3
	6				8			

No 464

			5	1	9			
					3			
4						7		
							3	1
5				2				6
7	8							
		1						9
			7					
			8	6	4			

No 465

6	1		7					
							7	
	9			6	3			
2				7		4		
5			6		9			7
		3		8				2
			8	5			1	
	5							
					1		9	4

No 466

		3					8	1
			9	3				7
					5			
	6			7				4
	3		4		6		7	
1				8			5	
			2					
2				4	9			
8	1					4		

No 467

		1					7	
			8	9	6			
			3					
4		7						
		9		2		5		
						3		8
					4			
			5	7	1			
	3					6		

No 468

2		3			4			
				2		8		3
	8	7			6		5	
5						6	4	
	4	8						2
	3		9			5	7	
6		5		8				
			1			9		6

No 469

3				9				7
5	8					6	2	
		7				8		
1	2				7			
		3				4		
			5				6	1
			9			5		
		9	4				7	6
4				3				9

No 470

7			8					
	4	5			3		1	
1			2			7		
				5	8	1	6	
	6	9	7	2				
		8			6			1
	2		3			8	5	
					2			6

No 471

						2		4
7			4				1	
	4		2				8	
6		1			7		9	
			8		6			
	9		1			6		2
	3				2		6	
	8				5			1
4		7						

No 472

4		7		5				
	3				8		6	4
					9	7		8
		4					2	7
5	2					1		
3		1	2					
6	5		7				4	
				1		3		5

No 473

	4		6					
6				1		5		7
		8						2
			4		7		8	
7				5				1
	9		1		3			
5						1		
2		6		7				9
					9		3	

No 474

			7				5	
	1		8			7		4
5				3				9
6		8			4			
	2						9	
			5			1		6
3				9				2
8		5			2		3	
	4				3			

No 475

		3					8	
	1			5		6	7	
9			1					
			9		7			3
	7			6			5	
4			5		2			
					4			2
	8	1		7			4	
	6					5		

No 476

	6			3				
5	3		1					
	7	2						
9		3	6			4		
7			5		1			2
		5			7	8		9
						7	6	
					4		5	8
				8			9	

No 477

4	1		2		6	8		
			5	8		7		
	5						6	
5		2			3			
	7						3	
			7			6		9
	2						1	
		4		2	5			
		3	4		9		7	5

No 478

					6	4		
9	8			7				6
1							5	
			2		7	3		
7				8				9
		5	9		4			
	7							8
3				9			6	1
		2	3					

250

No 479

	4			9	2			
		5	4		8			
1	8	9						
	7			4	1			
8								3
			9	7			6	
						1	4	2
			3		6	9		
			2	5			3	

No 480

					3			1
	4						8	6
		1		9			5	
		8		1		4		
			3		2			
		2		6		7		
	5			4		1		
8	6						9	
3			2					

251

No 481

			6				4	8
4			9					
7		9		1		6		
6	9				1			4
	3						6	
5			8				9	2
		5		8		7		1
					2			9
3	1				5			

No 482

	8		6		1			
						8		3
7							9	2
		5		4				
	1		3		8		7	
				5		4		
3	9							1
2		4						
			5		2		8	

No 483

	8					6	3	
1				4			7	
					2	1		
3				1				8
			2		9			
9				6				5
		2	9					
	7			8				1
	6	3					4	

No 484

	5				6		3	
1					5		2	
						6		5
4		2	1				7	
			4		3			
	7				2	4		6
5		1						
	3		9					2
	8		6				4	

No 485

			2			1		
1				5				8
		7	6				2	9
			1				7	3
		4				8		
3	6				9			
6	1				4	5		
5				8				4
		9			5			

No 486

9		4	5					
				4		9		3
1	3		7				6	
3	5					4		
		6					5	7
	9				8		1	6
6		7		3				
					2	7		8

254

No 487

		1		2		3		7
6	7		1					
			4					9
5	9		7					8
	6						5	
1					2		9	4
8					9			
					5		8	2
3		9		7		5		

No 488

4				9			3	
	1				6			
	7	9			5	2		
1	8				4			
		3				9		
			7				2	3
		4	5			3	8	
			8				4	
	6			2				7

No 489

	3			2	5			
							7	
					6			
		8				3		6
		2		9		5		
7		4				1		
			4					
	5							
			7	1			8	

No 490

							6	8
					3	7	5	
				5			1	
4					1	9		5
		8	3		7	6		
2		9	6					7
	9			2				
	7	2	4					
6	1							

No 491

5				6			9	
3		1						8
		4	7					
	7			3			2	
			4		7			
	1			9			6	
					4	9		
6						3		1
	9			8				5

No 492

	8							7
7				6			2	3
		9	5					
			4		6	5		
1				2				6
		7	1		9			
					8	4		
6	3			1				5
2							1	

No 493

7	3			1			5	
6			2					
			5			7		8
9			7			6		4
		4				8		
2		6			1			5
1		9			4			
					6			9
	4			7			6	3

No 494

	9		2					7
		4			6	3		
	3	5			4			2
	6	7						
9								4
						1	8	
4			7			2	1	
		2	6			5		
3					9		7	

No 495

9	8				4			7
		1	6				8	
		6	7					
6	1		8	9				
				7	3		2	6
					8	3		
	3				7	1		
1			4				9	5

No 496

						2		6
	6				2		8	
3					6		4	
	5				4	9		2
			9		8			
9		4	3				5	
	8		1					4
	7		2				9	
6		3						

No 497

		2	7				1	8
	1		3				9	
		6			4			7
3	7							
		4				2		
							8	5
4			1			7		
	2				3		6	
6	9				2	1		

No 498

			7			8		
		2		5				4
	8		3			7	1	
6		7			8			
	1						9	
			4			5		1
	9	4			3		5	
8				9		1		
		6			2			

No 499

8	6			1				
		9	5			2	6	
			3				5	8
6						7	8	
	1	7						4
4	9				7			
	2	1			8	6		
				4			1	9

No 500

		7		5	9			
						1		
	5	2	1					
9				6			3	
	8		5		7		1	
	3			1				4
					2	7	4	
		8						
			6	8		2		

No 501

6	7				9			
4		3						
1				7				
	1	7			3	6		
	2		6		8		3	
		9	4			5	1	
				5				4
						2		3
			8				6	5

No 502

8		1	2				4	
	5		4					
		4		9		2		
					8	7		6
	2						9	
1		7	5					
		8		4		9		
					3		8	
	6				1	5		3

No 503

			1			8		
	8		9			3		
3					5		6	2
4	3			6	1			
			8	9			7	4
6	1		5					9
		3			4		1	
		4			9			

No 504

6								3
			7	3			9	
4		7	2		9		8	
			8			7	3	
8								4
	5	2			4			
	1		5		3	9		6
	4			1	7			
5								7

No 505

5				1		7		
	7				6			
3	9							8
		4		9		2		
			6		2			
		8		7		3		
1							3	9
			2				6	
		7		8				5

No 506

		5	2					4
	4				8	3	9	
			1					5
	7	4		3	1			
			5	2		6	7	
7					2			
	3	1	8				2	
4					7	1		

No 507

							6	4
		1			9	2		
	5				8	7		
1	9		5			3		
			7		1			
		3			4		1	5
		5	6				4	
		7	9			6		
9	6							

No 508

		3			9			
	4			5		1		
7		9			2			3
	7	5			4			
6								7
			3			9	8	
5			2			4		6
		7		6			3	
			1			8		

No 509

		9			4		7	
	3				1		5	
						8		6
3		1	9				2	
			7		3			
	2				6	3		9
1		8						
	7		1				8	
	9		8			6		

No 510

					4		7	
	6			1		9		
2					8		5	1
	2	6	5					
1								6
					9	7	3	
6	3		8					9
		5		2			4	
	9		3					

No 511

4						9		2
			4		6		1	
	1	9						
		2	5	8				
5	9						2	1
				7	9	8		
						1	5	
	6		8		3			
3		5						8

No 512

6	8			7				9
5								
					9	3		8
			1			4		
7				5				2
		9			3			
9		1	8					
								6
8				2			5	7

No 513

7	4							
						6		
		1		2			3	
			8			2		4
		3				9		
1		6			7			
	9			6		5		
		5						
							4	8

No 514

				1			4	
	5		7					
		9					3	
		8				5		
2				3				9
		1				7		
	7					6		
					9		8	
	4			2				

No 515

				2			3	9
								1
		7		1	4	2		
					7	5		
9				3				2
		8	6					
		9	8	5		6		
3								
1	4			9				

No 516

					7		8	
9		1		6			7	4
4								
	7				5			
6				1				2
			8				4	
								1
7	4			2		9		6
	5		3					

No 517

4				2				
					1			7
9						3		
		7				6		
	2			5			1	
		8				9		
		1						5
6			9					
				8				4

No 518

			4	2		5		
3	9			7				
	2							
					6	8		
	7	8		3		4	9	
		1	5					
							3	
				9			2	4
		6		1	8			

No 519

					8		2	
8		9						3
4		5		1				
			2				9	
		1		4		7		
	8				6			
				7		1		5
7							4	8
	6		3					

No 520

1								
				3	7		9	
6		8		2				
	5				4			
2	8			1			7	6
			9				3	
				6		1		8
	4		3	5				
								5

No 521

5		7	9					
				8			1	5
		8					3	
		3			7			
4	6			5			8	7
			4			9		
	5					1		
1	8			6				
					2	4		8

No 522

	7							
8				6		9		
		2	3		4			6
3		8		5	9		2	
	9		2	1		3		8
4			8		5	2		
		3		2				1
							7	

No 523

5	8			1				
		1			9	3		
4								
		9			2			
1		6		8		5		7
			3			4		
								8
		2	6			7		
				7			5	1

No 524

3						7		
	4		9	2				1
			7			6		
			6					
9								4
					8			
		8			5			
5				3	4		1	
		7						2

No 525

			6			4	9	
		7						
5	4			2			8	1
	6				1	5		
			2		7			
		9	4				3	
4	5			9			6	3
						8		
	1	2			8			

No 526

	7							8
			5				3	
	4			6				
9								7
		6		1		5		
3								2
				9			4	
	2				7			
5							1	

No 527

				5		9		8
	4		2	6				
								7
			4				2	
3	2			7			9	5
	6				1			
8								
			8	9		1		
5		7	3					

No 528

8				9				6
		1		4		2		
		4	3					9
	2				4	6		
			7		5			
	8		9			7		
4					7	1		
	1			3		9		
3				1				7

No 529

				3			7	6
		5	9					
8							2	9
		2			5			
	4			6			3	
			1			9		
9	6							4
					8	1		
7	3			4				

No 530

	4							
2	6			7				
		7	8	1		3		
					9	1		
	7			4			5	
		8	3					
		9		6	2	5		
				5			7	4
						6		

No 531

				5		2		8
	7	2	1					
	5							3
			6				1	
4		6		2		7		5
	3				7			
2							8	
					9	5	6	
5		8		4				

No 532

4					7	2		
	3			2		1		
5				4				9
	6				4		9	
			8		6			
	5		2				3	
6				1				7
		4		7			1	
		1	6					2

277

No 533

				5		8	9	
		5				6	2	
7					4			
					1			3
	9			2			5	
6			7					
			6					1
	3	6				4		
	8	2		9				

No 534

							3	
6		5						
	3			2		9		
5	7		6					
	9						1	
					8		2	4
		1		7			4	
						5		8
	2							

Samurai
Puzzles

No 535

No 536

No 537

No 538

No 539

```
2 . . . . . . . 5       7 . . . . . 9 . 8
. 4 . . . . 8 3 .       . . . 3 . 9 . . .
6 . . 9 . 4 . . 2       . . 8 6 7 2 1 . 3
. 2 . . 3 . . 8 .       1 . 4 5 . 3 2 . 6
3 . . 8 . 5 . . 1       . 5 . . . . . 7 .
. 5 . . 1 . . 7 .       6 . 3 7 . 1 4 . 5
7 . . 6 . 9 . 4 . 7 2 . 8 . 9 4 3 5 7 . .
. 1 5 . . . . 6 . . . . . . . . 9 . 8 . .
8 . . . . . . . 7 . . . 5 . 1 . . . . . 9
            . . 1 . . 6 8 . .
            . 4 . . . . 2 . .
            . . 8 3 . . 5 . .
. 4 . . . 8 . 5 . . . . 4 . . . 3 8 . 1 7
. . 3 5 . 7 . . . . . . . . 3 . 7 . . 4 .
1 . . . 8 2 . 9 . . 4 8 7 . . . 4 . 3 . .
. 1 . 8 . 3 . 2 .       . . 2 6 . 9 7 . 1
4 . 2 . . 3 . 8 .       . 7 . . . . . 8 .
. 9 . 2 . 6 . 1 .       8 . 9 3 . 7 5 . .
8 . 9 6 . . . . 3       . . 7 . 5 . . . 3
. . 7 . 2 9 . . .       . . 1 . . 4 . 9 .
7 . 4 . . . 6 . .       6 2 . 1 9 . . . 5
```

284

No 540

No 541

	4		3			6						7	9				2			5
2					8			1					5			8	4		9	2
	3				1	2		5				2			6			1		
						8		4				3	7							
	1						6							8				6		
7		9																	2	4
3		7	4				1		3					2			9			6
5			8					3		6		5	1		4	6			8	
		4			6		2		4			6			8				5	1
							7	4			6			8						
									7		2									
						8			1			7	6							
		9	4					1			4		9				6	7		
7			8				4	5		1		2			3				9	1
8						6					5		8				2	6		
	7	8			9			2				6	5		8	2				
			7		1															
2			3			7	9									1	9		7	6
		6												8	9				3	
1	2				8	4		6				4	1				3			7
9					6	3								7	2				8	

No 542

No 543

Solutions

No 1

8	9	7	6	4	2	3	1	5
5	1	4	3	9	7	6	8	2
3	6	2	5	1	8	4	7	9
6	2	9	8	7	1	5	4	3
7	3	5	4	6	9	8	2	1
4	8	1	2	5	3	9	6	7
9	4	6	1	2	5	7	3	8
2	7	3	9	8	4	1	5	6
1	5	8	7	3	6	2	9	4

No 2

9	7	1	5	3	8	4	6	2
6	5	3	9	4	2	7	1	8
4	8	2	7	1	6	5	9	3
3	2	4	6	5	1	8	7	9
8	1	7	2	9	4	6	3	5
5	6	9	3	8	7	2	4	1
1	9	6	8	7	5	3	2	4
7	4	5	1	2	3	9	8	6
2	3	8	4	6	9	1	5	7

No 3

2	5	3	4	6	9	8	7	1
7	9	4	3	1	8	6	5	2
8	1	6	5	2	7	9	3	4
6	3	5	7	8	2	1	4	9
9	2	7	6	4	1	5	8	3
4	8	1	9	5	3	2	6	7
3	7	8	2	9	5	4	1	6
5	4	2	1	7	6	3	9	8
1	6	9	8	3	4	7	2	5

No 4

1	9	8	2	4	3	6	7	5
3	7	2	5	8	6	4	9	1
4	6	5	7	1	9	8	3	2
8	2	6	3	7	5	1	4	9
9	3	4	8	6	1	5	2	7
7	5	1	9	2	4	3	6	8
2	1	9	4	3	8	7	5	6
5	8	3	6	9	7	2	1	4
6	4	7	1	5	2	9	8	3

No 5

8	9	4	7	3	1	5	2	6
2	7	1	6	5	8	9	4	3
5	3	6	9	2	4	1	8	7
9	8	3	2	6	7	4	5	1
1	6	5	4	8	9	3	7	2
7	4	2	3	1	5	8	6	9
4	1	7	5	9	6	2	3	8
6	2	9	8	4	3	7	1	5
3	5	8	1	7	2	6	9	4

No 6

7	8	1	5	3	9	4	2	6
5	6	2	4	8	1	9	7	3
9	4	3	2	6	7	1	5	8
3	1	7	6	9	5	8	4	2
8	2	9	1	4	3	5	6	7
6	5	4	8	7	2	3	9	1
1	9	8	7	5	6	2	3	4
2	7	5	3	1	4	6	8	9
4	3	6	9	2	8	7	1	5

No 7

6	5	9	3	8	4	1	7	2
8	2	4	1	7	9	6	5	3
7	1	3	6	5	2	4	9	8
4	9	8	5	1	6	2	3	7
2	3	6	8	9	7	5	4	1
1	7	5	4	2	3	9	8	6
3	4	1	9	6	8	7	2	5
9	6	7	2	3	5	8	1	4
5	8	2	7	4	1	3	6	9

No 8

2	5	3	6	9	8	7	4	1
1	8	9	7	3	4	6	5	2
7	4	6	2	5	1	3	9	8
3	9	1	4	6	2	5	8	7
8	6	5	9	1	7	4	2	3
4	2	7	3	8	5	9	1	6
6	3	2	1	4	9	8	7	5
9	7	8	5	2	6	1	3	4
5	1	4	8	7	3	2	6	9

No 9

2	7	1	8	9	3	6	5	4
4	3	6	7	2	5	8	1	9
9	8	5	1	4	6	7	3	2
3	6	9	5	7	8	4	2	1
8	4	2	3	1	9	5	7	6
1	5	7	4	6	2	3	9	8
7	2	8	6	3	1	9	4	5
6	9	3	2	5	4	1	8	7
5	1	4	9	8	7	2	6	3

No 10

2	7	8	9	1	5	6	3	4
4	1	3	8	7	6	2	5	9
9	6	5	2	4	3	8	1	7
5	9	1	3	8	7	4	2	6
3	8	7	4	6	2	1	9	5
6	2	4	1	5	9	7	8	3
7	4	2	5	3	8	9	6	1
1	3	9	6	2	4	5	7	8
8	5	6	7	9	1	3	4	2

No 11

3	6	1	2	7	9	5	4	8
2	8	9	6	5	4	3	7	1
4	5	7	8	1	3	2	9	6
8	4	6	5	9	7	1	3	2
7	3	2	1	4	6	8	5	9
1	9	5	3	8	2	4	6	7
5	2	4	7	6	1	9	8	3
6	1	8	9	3	5	7	2	4
9	7	3	4	2	8	6	1	5

No 12

3	6	9	2	7	8	1	5	4
7	4	1	5	3	9	2	6	8
2	8	5	1	6	4	9	7	3
5	9	3	4	2	7	6	8	1
4	1	6	8	5	3	7	9	2
8	2	7	9	1	6	4	3	5
9	3	8	6	4	1	5	2	7
1	7	2	3	9	5	8	4	6
6	5	4	7	8	2	3	1	9

No 13

7	3	1	9	6	2	8	5	4
9	6	5	4	8	7	3	2	1
4	8	2	5	3	1	7	9	6
6	4	9	1	5	8	2	3	7
2	5	3	6	7	4	1	8	9
8	1	7	2	9	3	4	6	5
1	7	6	3	2	5	9	4	8
3	9	8	7	4	6	5	1	2
5	2	4	8	1	9	6	7	3

No 14

3	1	9	8	5	6	7	2	4
5	8	4	2	3	7	6	1	9
7	6	2	9	1	4	5	8	3
2	3	7	1	6	8	9	4	5
8	5	6	3	4	9	1	7	2
9	4	1	5	7	2	3	6	8
6	2	5	4	9	1	8	3	7
1	9	8	7	2	3	4	5	6
4	7	3	6	8	5	2	9	1

No 15

4	9	6	5	1	8	7	3	2
8	1	3	2	4	7	5	9	6
5	7	2	3	6	9	8	1	4
6	5	8	9	3	1	2	4	7
7	2	1	8	5	4	3	6	9
9	3	4	7	2	6	1	5	8
1	8	7	6	9	3	4	2	5
3	6	5	4	7	2	9	8	1
2	4	9	1	8	5	6	7	3

No 16

4	8	3	2	5	9	1	7	6
6	1	5	8	3	7	4	2	9
2	9	7	1	4	6	8	5	3
9	3	6	4	7	2	5	8	1
7	5	8	6	1	3	9	4	2
1	4	2	5	9	8	6	3	7
3	6	9	7	8	5	2	1	4
8	7	1	9	2	4	3	6	5
5	2	4	3	6	1	7	9	8

No 17

6	8	5	3	1	4	2	7	9
9	2	1	5	7	6	4	3	8
3	4	7	9	8	2	1	6	5
5	7	3	8	2	1	9	4	6
4	1	6	7	5	9	3	8	2
2	9	8	6	4	3	7	5	1
1	6	2	4	3	5	8	9	7
8	5	4	1	9	7	6	2	3
7	3	9	2	6	8	5	1	4

No 18

5	8	1	3	4	2	9	6	7
9	2	4	8	6	7	1	3	5
3	6	7	5	1	9	8	4	2
6	4	2	9	8	5	7	1	3
7	9	8	4	3	1	2	5	6
1	3	5	7	2	6	4	9	8
8	1	6	2	5	4	3	7	9
2	5	9	1	7	3	6	8	4
4	7	3	6	9	8	5	2	1

No 19

7	3	8	6	2	5	9	4	1
5	4	1	9	3	7	8	2	6
9	2	6	1	4	8	5	3	7
6	9	5	3	7	2	4	1	8
2	1	3	8	9	4	6	7	5
4	8	7	5	6	1	2	9	3
3	5	9	4	1	6	7	8	2
1	6	2	7	8	9	3	5	4
0	7	4	2	5	3	1	6	9

No 20

4	2	1	6	5	7	9	3	8
9	8	7	3	2	1	5	6	4
6	5	3	9	4	8	1	2	7
5	9	8	2	6	3	7	4	1
1	7	6	5	8	4	2	9	3
2	3	4	7	1	9	6	8	5
3	1	2	8	7	6	4	5	9
8	4	5	1	9	2	3	7	6
7	6	9	4	3	5	8	1	2

No 21

5	1	3	8	4	9	6	7	2
4	6	9	2	1	7	8	5	3
8	7	2	5	6	3	9	4	1
1	9	6	4	3	8	5	2	7
2	3	4	9	7	5	1	6	8
7	8	5	6	2	1	4	3	9
9	2	1	3	5	4	7	8	6
3	4	7	1	8	6	2	9	5
6	5	8	7	9	2	3	1	4

No 22

4	5	9	7	3	8	2	1	6
3	6	7	1	2	5	4	8	9
8	2	1	6	9	4	3	7	5
6	1	8	5	7	2	9	4	3
7	3	5	4	6	9	1	2	8
2	9	4	3	8	1	6	5	7
5	8	6	2	4	3	7	9	1
9	4	3	8	1	7	5	6	2
1	7	2	9	5	6	8	3	4

No 23

9	5	7	1	4	2	8	6	3
4	8	2	6	3	5	9	1	7
6	3	1	8	9	7	5	4	2
5	2	8	7	1	4	3	9	6
7	1	9	3	5	6	4	2	8
3	4	6	9	2	8	7	5	1
8	9	5	2	7	1	6	3	4
2	7	3	4	6	9	1	8	5
1	6	4	5	8	3	2	7	9

No 24

7	4	3	6	9	1	8	2	5
6	2	5	8	4	3	9	7	1
8	9	1	2	5	7	3	6	4
3	6	9	4	1	8	2	5	7
2	8	7	3	6	5	4	1	9
1	5	4	9	7	2	6	3	8
5	3	6	7	8	4	1	9	2
9	1	8	5	2	6	7	4	3
4	7	2	1	3	9	5	8	6

No 25

2	1	9	4	3	5	8	6	7
6	4	8	7	1	9	3	2	5
5	3	7	6	2	8	9	1	4
1	9	6	2	8	7	4	5	3
8	7	2	5	4	3	6	9	1
3	5	4	9	6	1	2	7	8
4	6	1	3	5	2	7	8	9
7	8	3	1	9	6	5	4	2
9	2	5	8	7	4	1	3	6

No 26

2	6	9	1	3	5	8	4	7
3	7	1	8	6	4	2	9	5
5	4	8	9	7	2	6	3	1
4	5	3	2	1	7	9	6	8
9	2	7	6	4	8	5	1	3
1	8	6	5	9	3	4	7	2
6	1	2	3	8	9	7	5	4
7	3	5	4	2	6	1	8	9
8	9	4	7	5	1	3	2	6

No 27

4	1	9	3	6	2	5	7	8
7	8	6	1	4	5	3	9	2
2	3	5	8	7	9	1	4	6
9	5	4	6	8	3	7	2	1
3	6	2	7	9	1	8	5	4
1	7	8	2	5	4	6	3	9
8	4	3	5	2	6	9	1	7
6	2	1	9	3	7	4	8	5
5	9	7	4	1	8	2	6	3

No 28

6	4	2	5	3	7	9	1	8
5	7	1	2	9	8	4	3	6
8	3	9	4	6	1	5	2	7
9	1	8	3	5	2	7	6	4
2	5	4	6	7	9	3	8	1
3	6	7	1	8	4	2	9	5
4	8	3	9	1	5	6	7	2
1	9	5	7	2	6	8	4	3
7	2	6	8	4	3	1	5	9

No 29

3	9	8	1	4	5	2	6	7
2	5	7	9	8	6	3	1	4
1	4	6	2	7	3	9	5	8
5	8	2	3	6	9	4	7	1
4	6	9	7	1	8	5	3	2
7	1	3	4	5	2	8	9	6
8	2	5	6	9	7	1	4	3
9	7	1	8	3	4	6	2	5
6	3	4	5	2	1	7	8	9

No 30

3	2	7	8	6	1	4	9	5
9	6	5	4	2	7	3	8	1
4	1	8	3	9	5	2	7	6
1	9	2	7	4	8	6	5	3
7	8	6	2	5	3	1	4	9
5	3	4	9	1	6	8	2	7
2	4	3	1	7	9	5	6	8
8	5	9	6	3	2	7	1	4
6	7	1	5	8	4	9	3	2

No 31

9	5	2	4	7	1	3	6	8
8	1	3	6	2	5	4	7	9
4	6	7	3	8	9	2	1	5
2	7	8	9	3	6	1	5	4
5	3	6	1	4	8	7	9	2
1	9	4	7	5	2	6	8	3
6	2	9	5	1	3	8	4	7
3	4	1	8	9	7	5	2	6
7	8	5	2	6	4	9	3	1

No 32

5	6	9	7	1	3	2	4	8
2	7	8	5	4	6	1	3	9
1	4	3	9	8	2	7	5	6
8	9	2	4	7	1	5	6	3
4	1	6	3	9	5	8	7	2
7	3	5	6	2	8	4	9	1
3	5	1	2	6	4	9	8	7
6	2	7	8	5	9	3	1	4
9	8	4	1	3	7	6	2	5

No 33

2	9	6	4	7	8	3	1	5
3	8	7	2	1	5	6	4	9
4	5	1	6	3	9	8	7	2
1	2	4	9	8	3	5	6	7
6	3	9	5	4	7	1	2	8
8	7	5	1	2	6	4	9	3
7	4	2	8	5	1	9	3	6
5	6	3	7	9	4	2	8	1
9	1	8	3	6	2	7	5	4

No 34

1	3	5	4	2	9	7	8	6
7	6	9	3	1	8	2	4	5
8	2	4	5	7	6	1	3	9
9	8	7	6	5	1	3	2	4
6	4	1	2	8	3	5	9	7
3	5	2	9	4	7	6	1	8
4	1	3	7	9	5	8	6	2
5	9	6	8	3	2	4	7	1
2	7	8	1	6	4	9	5	3

No 35

3	1	2	8	7	9	5	4	6
6	8	9	5	2	4	3	7	1
4	5	7	1	3	6	9	8	2
1	7	8	6	5	3	2	9	4
5	2	4	7	9	8	1	6	3
9	3	6	4	1	2	7	5	8
8	9	5	2	6	1	4	3	7
7	4	1	3	8	5	6	2	9
2	6	3	9	4	7	8	1	5

No 36

7	9	3	8	1	2	5	6	4
5	6	2	4	3	7	1	8	9
4	8	1	5	9	6	7	3	2
6	7	4	3	5	9	2	1	8
1	5	9	2	8	4	3	7	6
2	3	8	6	7	1	9	4	5
3	2	5	7	4	8	6	9	1
8	1	6	9	2	3	4	5	7
9	4	7	1	6	5	8	2	3

No 37

1	8	9	5	2	3	7	6	4
4	7	5	6	9	8	3	1	2
3	6	2	4	1	7	8	5	9
8	2	4	7	3	1	6	9	5
9	3	6	8	5	2	1	4	7
5	1	7	9	6	4	2	3	8
7	4	1	3	8	9	5	2	6
6	9	3	2	7	5	4	8	1
2	5	8	1	4	6	9	7	3

No 38

1	3	4	7	5	8	6	9	2
5	6	7	2	3	9	4	8	1
2	8	9	6	4	1	5	7	3
8	9	3	4	7	2	1	6	5
7	2	5	8	1	6	3	4	9
4	1	6	3	9	5	8	2	7
6	5	1	9	2	4	7	3	8
3	4	2	1	8	7	9	5	6
9	7	8	5	6	3	2	1	4

No 39

3	8	5	1	2	9	6	4	7
9	2	6	7	4	8	5	3	1
4	1	7	6	5	3	9	2	8
2	9	3	5	8	6	1	7	4
8	7	4	9	1	2	3	6	5
6	5	1	4	3	7	8	9	2
5	6	9	2	7	1	4	8	3
7	4	8	3	9	5	2	1	6
1	3	2	8	6	4	7	5	9

No 40

9	3	2	5	6	1	4	8	7
5	7	6	3	8	4	2	9	1
8	1	4	7	2	9	5	6	3
3	6	8	9	5	7	1	4	2
4	2	5	6	1	3	8	7	9
7	9	1	2	4	8	6	3	5
1	8	3	4	7	2	9	5	6
2	5	9	8	3	6	7	1	4
6	4	7	1	9	5	3	2	8

No 41

3	5	1	2	4	6	9	8	7
4	8	7	3	5	9	6	2	1
2	6	9	8	7	1	3	4	5
7	9	4	1	3	8	2	5	6
6	3	2	4	9	5	1	7	8
5	1	8	7	6	2	4	9	3
8	2	5	9	1	3	7	6	4
1	4	6	5	2	7	8	3	9
9	7	3	6	8	4	5	1	2

No 42

5	7	6	8	1	2	9	4	3
2	4	3	5	7	9	8	1	6
8	9	1	3	4	6	5	2	7
7	5	2	9	3	1	6	8	4
9	6	4	2	8	7	1	3	5
1	3	8	4	6	5	7	9	2
6	2	7	1	9	4	3	5	8
3	1	5	7	2	8	4	6	9
4	8	9	6	5	3	2	7	1

No 43

5	2	9	6	8	4	3	7	1
3	1	7	9	2	5	4	8	6
6	4	8	1	3	7	2	5	9
4	6	2	8	1	9	7	3	5
9	5	3	7	4	6	8	1	2
8	7	1	2	5	3	9	6	4
1	8	4	3	6	2	5	9	7
7	3	5	4	9	1	6	2	8
2	9	6	5	7	8	1	4	3

No 44

4	3	7	6	9	5	2	8	1
8	9	2	1	3	7	6	5	4
5	6	1	2	4	8	7	3	9
7	1	3	8	6	9	4	2	5
2	8	4	5	1	3	9	6	7
6	5	9	7	2	4	8	1	3
3	7	5	4	8	2	1	9	6
9	2	6	3	7	1	5	4	8
1	4	8	9	5	6	3	7	2

No 45

7	2	6	5	4	9	8	1	3
8	5	1	3	2	6	9	7	4
4	9	3	7	8	1	5	6	2
3	7	2	6	5	4	1	8	9
9	6	8	2	1	7	4	3	5
1	4	5	8	9	3	7	2	6
2	8	7	9	6	5	3	4	1
5	3	4	1	7	2	6	9	8
6	1	9	4	3	8	2	5	7

No 46

6	4	3	1	5	9	8	2	7
2	8	7	3	4	6	1	5	9
1	9	5	8	2	7	3	6	4
3	2	6	4	1	8	7	9	5
7	5	8	9	6	3	2	4	1
9	1	4	2	7	5	6	8	3
5	7	9	6	8	1	4	3	2
8	3	2	7	9	4	5	1	6
4	6	1	5	3	2	9	7	8

No 47

9	6	8	4	5	3	7	2	1
5	4	7	2	8	1	9	3	6
1	3	2	7	9	6	8	4	5
6	2	5	1	7	4	3	8	9
4	8	1	9	3	2	5	6	7
3	7	9	8	6	5	2	1	4
7	9	4	6	2	8	1	5	3
8	1	3	5	4	7	6	9	2
2	5	6	3	1	9	4	7	8

No 48

9	3	4	6	7	2	5	1	8
2	7	1	9	5	8	6	3	4
5	6	8	3	4	1	2	7	9
7	5	3	1	8	9	4	2	6
8	9	6	4	2	3	7	5	1
1	4	2	7	6	5	9	8	3
4	8	7	5	3	6	1	9	2
3	1	5	2	9	4	8	6	7
6	2	9	8	1	7	3	4	5

No 49

4	3	2	9	6	7	1	8	5
1	5	8	3	4	2	9	7	6
7	6	9	1	8	5	3	4	2
5	1	6	4	2	8	7	3	9
2	8	3	5	7	9	4	6	1
9	4	7	6	1	3	2	5	8
6	7	1	8	9	4	5	2	3
8	2	5	7	3	1	6	9	4
3	9	4	2	5	6	8	1	7

No 50

5	4	3	6	9	1	7	2	8
6	1	8	2	4	7	5	9	3
7	2	9	8	5	3	6	4	1
9	3	5	7	1	2	8	6	4
8	7	2	4	3	6	9	1	5
4	6	1	9	8	5	3	7	2
3	9	4	1	6	8	2	5	7
1	5	7	3	2	9	4	8	6
2	8	6	5	7	4	1	3	9

No 51

4	5	9	6	1	2	3	8	7
8	6	7	4	5	3	1	9	2
1	3	2	9	8	7	6	4	5
3	7	6	2	9	8	5	1	4
2	9	1	5	3	4	8	7	6
5	8	4	1	7	6	2	3	9
9	4	8	3	6	5	7	2	1
7	2	5	8	4	1	9	6	3
6	1	3	7	2	9	4	5	8

No 52

1	9	7	8	3	5	4	6	2
5	3	6	4	2	7	9	8	1
4	2	8	6	1	9	3	7	5
2	8	4	1	5	3	6	9	7
3	6	9	2	7	8	5	1	4
7	5	1	9	4	6	8	2	3
9	4	2	5	6	1	7	3	8
8	1	3	7	9	4	2	5	6
6	7	5	3	8	2	1	4	9

No 53

7	1	4	6	8	9	2	5	3
6	3	9	5	2	1	4	8	7
5	8	2	3	7	4	6	9	1
9	2	5	8	6	3	7	1	4
8	4	1	2	9	7	3	6	5
3	7	6	1	4	5	8	2	9
4	5	8	9	3	2	1	7	6
2	9	3	7	1	6	5	4	8
1	6	7	4	5	8	9	3	2

No 54

6	7	2	5	8	4	9	3	1
9	3	4	1	6	2	7	5	8
1	5	8	7	3	9	6	4	2
4	8	9	3	7	6	1	2	5
2	1	7	8	9	5	3	6	4
3	6	5	4	2	1	8	9	7
7	9	1	2	4	3	5	8	6
5	4	6	9	1	8	2	7	3
8	2	3	6	5	7	4	1	9

No 55

8	3	5	9	4	1	6	2	7
7	9	6	5	3	2	4	1	8
1	2	4	6	7	8	3	9	5
6	7	9	3	1	4	5	8	2
4	8	3	2	5	7	9	6	1
5	1	2	8	6	9	7	3	4
3	5	7	1	2	6	8	4	9
2	6	8	4	9	5	1	7	3
9	4	1	7	8	3	2	5	6

No 56

3	6	9	7	1	8	2	5	4
1	8	4	9	5	2	3	7	6
7	5	2	6	4	3	9	1	8
9	4	7	2	3	6	1	8	5
8	2	1	4	9	5	6	3	7
5	3	6	1	8	7	4	2	9
6	9	3	5	7	1	8	4	2
4	1	5	8	2	9	7	6	3
2	7	8	3	6	4	5	9	1

No 57

5	3	4	6	8	9	1	7	2
8	7	6	1	2	4	9	5	3
1	9	2	3	7	5	8	6	4
9	6	5	2	1	3	7	4	8
7	8	3	5	4	6	2	9	1
2	4	1	8	9	7	5	3	6
3	1	9	4	5	2	6	8	7
6	5	8	7	3	1	4	2	9
4	2	7	9	6	8	3	1	5

No 58

7	4	2	1	5	3	6	9	8
1	6	5	9	4	8	3	2	7
9	3	8	6	7	2	5	4	1
8	5	3	2	1	6	9	7	4
6	1	4	5	9	7	2	8	3
2	7	9	3	8	4	1	6	5
3	9	7	8	6	5	4	1	2
5	8	6	4	2	1	7	3	9
4	2	1	7	3	9	8	5	6

No 59

8	5	2	9	6	3	4	1	7
7	1	9	8	4	5	3	2	6
4	6	3	2	7	1	8	5	9
3	9	6	4	5	2	7	8	1
1	8	7	3	9	6	5	4	2
2	4	5	1	8	7	6	9	3
9	3	4	7	1	8	2	6	5
5	2	1	6	3	4	9	7	8
6	7	8	5	2	9	1	3	4

No 60

6	3	5	2	8	9	4	7	1
7	4	1	5	3	6	2	8	9
2	9	8	4	7	1	5	6	3
9	2	3	7	1	8	6	4	5
1	8	4	9	6	5	7	3	2
5	7	6	3	2	4	1	9	8
8	1	9	6	4	2	3	5	7
4	5	7	1	9	3	8	2	6
3	6	2	8	5	7	9	1	4

No 61

8	3	2	7	1	4	6	9	5
1	4	5	8	6	9	2	7	3
9	7	6	2	3	5	8	1	4
7	2	4	6	8	1	3	5	9
6	5	1	3	9	2	7	4	8
3	8	9	5	4	7	1	6	2
5	9	7	1	2	8	4	3	6
2	1	3	4	5	6	9	8	7
4	6	8	9	7	3	5	2	1

No 62

4	1	6	9	5	2	8	3	7
3	2	9	1	8	7	4	5	6
8	7	5	3	4	6	9	1	2
9	4	7	2	6	5	3	8	1
1	6	8	7	3	4	2	9	5
2	5	3	8	1	9	7	6	4
7	3	4	5	9	1	6	2	8
6	8	1	4	2	3	5	7	9
5	9	2	6	7	8	1	4	3

No 63

6	9	7	5	8	3	4	2	1
3	4	1	7	6	2	5	8	9
5	8	2	1	4	9	3	6	7
8	1	3	2	5	4	9	7	6
7	5	4	9	1	6	8	3	2
9	2	6	8	3	7	1	5	4
4	6	9	3	7	5	2	1	8
2	3	8	6	9	1	7	4	5
1	7	5	4	2	8	6	9	3

No 64

5	6	7	1	8	9	3	4	2
9	2	1	4	6	3	8	5	7
8	3	4	2	7	5	1	9	6
6	5	9	3	2	8	4	7	1
4	8	3	7	9	1	2	6	5
1	7	2	5	4	6	9	8	3
7	1	6	8	3	4	5	2	9
2	4	5	9	1	7	6	3	8
3	9	8	6	5	2	7	1	4

No 65

1	4	8	7	5	9	2	6	3
6	3	2	1	4	8	5	7	9
7	5	9	3	6	2	1	8	4
2	8	3	5	1	4	6	9	7
9	6	4	2	3	7	8	5	1
5	7	1	8	9	6	3	4	2
3	9	5	6	7	1	4	2	8
4	2	6	9	8	3	7	1	5
8	1	7	4	2	5	9	3	6

No 66

5	7	3	6	8	4	1	9	2
1	4	8	3	2	9	7	5	6
9	6	2	1	7	5	8	3	4
7	3	1	5	6	8	4	2	9
2	5	4	7	9	3	6	1	8
6	8	9	2	4	1	5	7	3
8	1	6	9	3	7	2	4	5
3	2	7	4	5	6	9	8	1
4	9	5	8	1	2	3	6	7

No 67

9	5	6	1	7	4	3	8	2
3	1	7	8	9	2	4	6	5
2	4	8	5	3	6	1	7	9
8	2	1	7	4	3	5	9	6
5	7	3	6	1	9	2	4	8
6	9	4	2	5	8	7	3	1
1	3	5	9	8	7	6	2	4
4	6	9	3	2	1	8	5	7
7	8	2	4	6	5	9	1	3

No 68

2	7	9	1	6	4	3	8	5
1	3	6	5	7	8	2	9	4
4	5	8	2	3	9	6	7	1
3	6	1	8	4	2	7	5	9
9	8	4	6	5	7	1	3	2
5	2	7	3	9	1	4	6	8
7	1	2	9	8	6	5	4	3
6	9	3	4	1	5	8	2	7
8	4	5	7	2	3	9	1	6

No 69

7	8	3	2	6	1	9	5	4
2	6	9	3	5	4	7	8	1
4	1	5	7	9	8	2	6	3
6	3	1	8	7	9	4	2	5
5	2	4	1	3	6	8	7	9
9	7	8	5	4	2	1	3	6
3	4	7	9	8	5	6	1	2
8	9	2	6	1	3	5	4	7
1	5	6	4	2	7	3	9	8

No 70

6	1	5	4	8	9	2	3	7
2	7	4	5	6	3	1	9	8
3	9	8	7	1	2	6	4	5
9	4	2	6	7	1	8	5	3
1	5	3	9	2	8	4	7	6
8	6	7	3	5	4	9	2	1
4	2	6	8	3	5	7	1	9
5	8	9	1	4	7	3	6	2
7	3	1	2	9	6	5	8	4

No 71

2	6	9	4	8	3	5	7	1
3	4	1	2	7	5	6	9	8
5	8	7	1	9	6	3	4	2
9	5	4	3	6	8	2	1	7
6	7	2	5	1	9	8	3	4
8	1	3	7	2	4	9	5	6
1	9	5	8	4	2	7	6	3
7	2	6	9	3	1	4	8	5
4	3	8	6	5	7	1	2	9

No 72

2	3	4	6	9	7	5	8	1
6	9	8	4	5	1	2	3	7
1	7	5	2	3	8	9	6	4
7	5	2	1	8	4	6	9	3
3	1	6	5	7	9	8	4	2
8	4	9	3	6	2	1	7	5
9	8	3	7	2	5	4	1	6
4	2	7	9	1	6	3	5	8
5	6	1	8	4	3	7	2	9

No 73

1	6	3	7	2	4	5	9	8
5	2	8	6	1	9	4	7	3
4	9	7	5	8	3	2	6	1
2	3	9	4	7	6	1	8	5
6	8	5	1	9	2	3	4	7
7	4	1	3	5	8	9	2	6
3	5	6	2	4	7	8	1	9
8	1	2	9	6	5	7	3	4
9	7	4	8	3	1	6	5	2

No 74

4	8	7	1	3	5	6	2	9
3	6	5	9	7	2	4	8	1
9	1	2	8	4	6	7	5	3
5	4	8	7	2	9	1	3	6
2	7	9	3	6	1	8	4	5
6	3	1	5	8	4	9	7	2
8	2	4	6	1	3	5	9	7
1	5	3	4	9	7	2	6	8
7	9	6	2	5	8	3	1	4

No 75

5	2	4	3	8	9	6	7	1
3	1	7	4	2	6	5	9	8
6	9	8	5	7	1	4	3	2
9	7	5	8	1	3	2	4	6
4	6	3	9	5	2	1	8	7
1	8	2	7	6	4	9	5	3
8	4	6	1	9	7	3	2	5
2	5	9	6	3	8	7	1	4
7	3	1	2	4	5	8	6	9

No 76

3	2	4	7	5	9	8	1	6
7	6	8	3	1	2	9	5	4
5	1	9	8	4	6	7	2	3
1	8	7	5	2	4	6	3	9
2	4	6	9	3	8	5	7	1
9	5	3	1	6	7	4	8	2
4	3	2	6	7	5	1	9	8
8	7	1	4	9	3	2	6	5
6	9	5	2	8	1	3	4	7

No 77

4	8	1	5	2	3	7	6	9
9	3	7	8	1	6	2	4	5
6	5	2	4	7	9	1	3	8
2	9	3	6	8	5	4	1	7
1	7	5	3	4	2	9	8	6
8	6	4	7	9	1	5	2	3
5	1	8	9	3	4	6	7	2
3	2	9	1	6	7	8	5	4
7	4	6	2	5	8	3	9	1

No 78

4	2	3	5	7	8	6	1	9
7	6	8	4	1	9	2	5	3
5	9	1	3	6	2	8	7	4
6	7	4	8	9	5	1	3	2
2	3	9	1	4	6	7	8	5
8	1	5	2	3	7	4	9	6
9	4	7	6	8	3	5	2	1
3	5	6	7	2	1	9	4	8
1	8	2	9	5	4	3	6	7

No 79

2	7	6	5	1	4	9	8	3
1	4	3	2	8	9	5	7	6
8	5	9	6	3	7	2	4	1
4	6	1	3	7	5	8	2	9
5	3	7	9	2	8	1	6	4
9	2	8	4	6	1	7	3	5
6	1	2	8	9	3	4	5	7
3	9	4	7	5	2	6	1	8
7	8	5	1	4	6	3	9	2

No 80

8	3	5	7	2	9	1	4	6
1	9	6	8	3	4	5	7	2
4	2	7	1	6	5	9	8	3
5	8	2	4	9	7	3	6	1
6	7	9	3	1	2	4	5	8
3	4	1	6	5	8	7	2	9
9	6	4	5	8	1	2	3	7
2	5	8	9	7	3	6	1	4
7	1	3	2	4	6	8	9	5

No 81

7	5	4	8	3	2	6	1	9
9	3	2	7	1	6	4	8	5
6	1	8	5	4	9	3	7	2
8	7	1	2	5	4	9	6	3
5	4	3	6	9	8	7	2	1
2	9	6	3	7	1	8	5	4
4	6	7	9	2	5	1	3	8
1	8	5	4	6	3	2	9	7
3	2	9	1	8	7	5	4	6

No 82

6	9	8	1	3	4	5	2	7
1	3	5	9	7	2	4	6	8
7	4	2	8	5	6	9	3	1
3	1	9	4	6	5	7	8	2
4	2	6	3	8	7	1	5	9
5	8	7	2	1	9	3	4	6
8	7	4	5	2	1	6	9	3
2	5	1	6	9	3	8	7	4
9	6	3	7	4	8	2	1	5

No 83

1	4	6	7	2	5	9	8	3
5	7	8	9	4	3	2	1	6
3	9	2	1	8	6	7	5	4
6	8	5	2	9	4	3	7	1
7	2	1	3	6	8	5	4	9
9	3	4	5	7	1	8	6	2
4	6	7	8	3	2	1	9	5
2	1	9	6	5	7	4	3	8
8	5	3	4	1	9	6	2	7

No 84

3	8	9	5	2	1	4	7	6
6	5	7	4	3	8	2	9	1
1	4	2	7	9	6	3	8	5
9	6	5	1	7	2	8	3	4
7	2	1	8	4	3	5	6	9
4	3	8	9	6	5	1	2	7
5	1	6	3	8	9	7	4	2
2	7	3	6	5	4	9	1	8
8	9	4	2	1	7	6	5	3

No 85

6	8	5	4	7	3	1	9	2
1	7	4	8	9	2	5	6	3
3	2	9	1	5	6	8	7	4
2	6	3	9	1	5	4	8	7
4	9	7	6	3	8	2	1	5
8	5	1	2	4	7	6	3	9
5	4	8	7	6	9	3	2	1
9	3	2	5	8	1	7	4	6
7	1	6	3	2	4	9	5	8

No 86

1	9	2	6	5	3	8	7	4
6	7	5	9	8	4	2	1	3
4	3	8	1	2	7	5	6	9
8	5	9	3	6	1	7	4	2
3	6	4	7	9	2	1	8	5
7	2	1	8	4	5	9	3	6
5	4	7	2	1	6	3	9	8
2	8	3	4	7	9	6	5	1
9	1	6	5	3	8	4	2	7

No 87

7	2	5	4	6	1	3	9	8
3	1	9	7	5	8	4	6	2
6	8	4	2	3	9	5	7	1
4	5	2	8	9	7	6	1	3
8	7	6	1	2	3	9	4	5
1	9	3	6	4	5	2	8	7
5	6	1	9	7	2	8	3	4
9	3	7	5	8	4	1	2	6
2	4	8	3	1	6	7	5	9

No 88

5	6	8	9	3	1	4	2	7
2	9	4	8	7	6	5	1	3
3	1	7	5	2	4	9	6	8
4	5	2	1	8	3	6	7	9
9	7	6	4	5	2	3	8	1
1	8	3	7	6	9	2	5	4
7	4	1	6	9	5	8	3	2
8	3	5	2	4	7	1	9	6
6	2	9	3	1	8	7	4	5

No 89

8	6	3	1	7	5	9	4	2
2	5	9	4	6	3	7	1	8
1	4	7	8	2	9	6	5	3
3	1	4	5	9	8	2	6	7
7	8	6	2	3	4	5	9	1
9	2	5	7	1	6	3	8	4
6	3	2	9	4	1	8	7	5
4	9	8	3	5	7	1	2	6
5	7	1	6	8	2	4	3	9

No 90

7	5	6	1	2	4	9	3	8
8	4	2	9	3	5	1	7	6
1	3	9	7	8	6	5	2	4
2	7	4	6	9	1	8	5	3
5	6	3	8	7	2	4	1	9
9	8	1	5	4	3	7	6	2
6	2	8	4	1	7	3	9	5
4	1	5	3	6	9	2	8	7
3	9	7	2	5	8	6	4	1

No 91

2	8	1	3	9	5	7	4	6
7	4	5	6	2	1	9	3	8
3	6	9	7	4	8	5	2	1
5	9	8	1	3	2	6	7	4
6	1	2	4	8	7	3	5	9
4	7	3	5	6	9	8	1	2
8	3	4	2	5	6	1	9	7
1	2	6	9	7	3	4	8	5
9	5	7	8	1	4	2	6	3

No 92

5	3	4	1	2	7	9	6	8
6	2	9	5	3	8	7	4	1
7	8	1	6	4	9	3	5	2
3	9	7	4	8	1	6	2	5
2	5	8	9	6	3	1	7	4
4	1	6	2	7	5	8	9	3
9	7	3	8	5	2	4	1	6
8	6	5	7	1	4	2	3	9
1	4	2	3	9	6	5	8	7

No 93

6	8	1	3	2	7	5	4	9
5	9	2	8	6	4	3	7	1
3	7	4	5	1	9	2	8	6
7	2	5	1	9	3	8	6	4
9	1	8	6	4	5	7	2	3
4	3	6	2	7	8	9	1	5
8	6	7	9	5	1	4	3	2
2	5	3	4	8	6	1	9	7
1	4	9	7	3	2	6	5	8

No 94

6	7	1	5	4	9	3	8	2
9	5	8	7	2	3	4	1	6
4	3	2	8	1	6	9	7	5
2	9	5	6	3	8	1	4	7
1	8	6	2	7	4	5	9	3
7	4	3	9	5	1	2	6	8
5	1	4	3	8	7	6	2	9
3	6	7	1	9	2	8	5	4
8	2	9	4	6	5	7	3	1

No 95

5	1	3	8	4	2	6	7	9
9	2	6	5	7	1	3	4	8
4	7	8	3	9	6	1	2	5
8	9	1	6	2	5	7	3	4
6	5	7	1	3	4	8	9	2
3	4	2	9	8	7	5	1	6
1	8	9	4	5	3	2	6	7
7	3	5	2	6	9	4	8	1
2	6	4	7	1	8	9	5	3

No 96

4	5	8	3	6	2	1	7	9
9	2	6	1	7	8	5	4	3
1	7	3	5	9	4	6	2	8
7	9	4	8	2	1	3	5	6
5	3	1	7	4	6	9	8	2
8	6	2	9	5	3	4	1	7
3	4	7	2	1	9	8	6	5
2	1	9	6	8	5	7	3	4
6	8	5	4	3	7	2	9	1

No 97

1	5	4	9	3	7	2	6	8
9	7	6	8	2	5	1	4	3
8	3	2	1	4	6	7	5	9
3	6	5	2	1	4	9	8	7
7	2	8	6	5	9	3	1	4
4	1	9	7	8	3	5	2	6
5	4	1	3	7	8	6	9	2
6	8	7	5	9	2	4	3	1
2	9	3	4	6	1	8	7	5

No 98

4	8	6	3	2	5	7	9	1
7	5	3	6	1	9	4	2	8
1	9	2	7	4	8	6	5	3
6	2	7	4	8	1	9	3	5
9	3	1	5	6	7	8	4	2
5	4	8	2	9	3	1	7	6
8	6	4	9	3	2	5	1	7
3	7	9	1	5	6	2	8	4
2	1	5	8	7	4	3	6	9

No 99

5	6	3	1	4	2	7	9	8
2	7	4	9	8	6	1	3	5
8	1	9	5	3	7	6	2	4
1	8	5	6	2	9	4	7	3
3	9	6	7	1	4	8	5	2
4	2	7	3	5	8	9	6	1
6	5	1	4	7	3	2	8	9
9	4	2	8	6	5	3	1	7
7	3	8	2	9	1	5	4	6

No 100

5	2	3	7	8	1	6	4	9
4	1	7	6	9	3	8	5	2
6	9	8	2	5	4	1	7	3
2	5	4	9	3	8	7	6	1
7	8	9	1	4	6	3	2	5
1	3	6	5	2	7	4	9	8
9	6	1	8	7	2	5	3	4
8	4	5	3	6	9	2	1	7
3	7	2	4	1	5	9	8	6

No 101

9	3	6	4	1	7	5	8	2
2	5	7	9	3	8	1	4	6
4	1	8	2	6	5	3	7	9
5	8	4	3	9	2	7	6	1
7	2	9	1	5	6	8	3	4
3	6	1	8	7	4	2	9	5
1	4	5	6	8	3	9	2	7
6	7	3	5	2	9	4	1	8
8	9	2	7	4	1	6	5	3

No 102

2	5	8	1	4	7	6	3	9
6	9	7	2	8	3	1	4	5
4	1	3	9	5	6	7	8	2
7	8	5	3	1	2	9	6	4
1	6	9	5	7	4	3	2	8
3	4	2	8	6	9	5	1	7
8	7	1	6	2	5	4	9	3
9	2	4	7	3	1	8	5	6
5	3	6	4	9	8	2	7	1

No 103

8	9	3	1	6	7	4	2	5
5	1	4	8	2	3	9	7	6
6	2	7	5	4	9	1	8	3
3	4	9	7	5	1	8	6	2
1	5	2	4	8	6	7	3	9
7	6	8	9	3	2	5	1	4
2	7	5	6	9	8	3	4	1
4	3	1	2	7	5	6	9	8
9	8	6	3	1	4	2	5	7

No 104

4	8	9	6	5	2	3	7	1
3	6	2	1	8	7	4	5	9
5	1	7	9	3	4	8	2	6
2	9	1	7	6	3	5	8	4
6	5	3	8	4	9	7	1	2
7	4	8	2	1	5	6	9	3
9	3	4	5	2	8	1	6	7
8	2	6	4	7	1	9	3	5
1	7	5	3	9	6	2	4	8

No 105

5	2	8	1	4	3	6	9	7
4	7	9	6	2	8	5	3	1
3	6	1	7	9	5	8	2	4
8	4	5	2	7	6	3	1	9
6	1	2	9	3	4	7	5	8
9	3	7	5	8	1	4	6	2
2	8	3	4	6	9	1	7	5
7	5	6	8	1	2	9	4	3
1	9	4	3	5	7	2	8	6

No 106

8	9	7	6	4	5	1	2	3
6	5	3	7	2	1	4	8	9
1	4	2	3	9	8	5	6	7
9	2	5	8	3	6	7	1	4
4	6	8	9	1	7	2	3	5
3	7	1	2	5	4	8	9	6
2	1	6	4	7	9	3	5	8
7	3	9	5	8	2	6	4	1
5	8	4	1	6	3	9	7	2

No 107

1	3	5	7	9	4	8	2	6
6	4	2	5	1	8	9	7	3
9	8	7	2	3	6	1	4	5
8	9	4	3	5	2	6	1	7
2	6	3	1	8	7	4	5	9
7	5	1	6	4	9	2	3	8
4	1	8	9	7	5	3	6	2
5	2	9	4	6	3	7	8	1
3	7	6	8	2	1	5	9	4

No 108

5	7	6	8	2	3	1	9	4
4	1	3	7	9	5	6	2	8
8	2	9	1	6	4	7	5	3
6	4	7	9	5	1	8	3	2
9	5	8	2	3	7	4	1	6
1	3	2	6	4	8	5	7	9
3	9	5	4	1	6	2	8	7
2	8	4	5	7	9	3	6	1
7	6	1	3	8	2	9	4	5

No 109

1	5	8	7	2	3	6	4	9
6	4	3	9	1	5	2	8	7
9	2	7	8	4	6	5	3	1
8	7	2	1	3	9	4	6	5
5	9	1	6	8	4	3	7	2
3	6	4	2	5	7	9	1	8
7	1	6	3	9	2	8	5	4
2	3	5	4	7	8	1	9	6
4	8	9	5	6	1	7	2	3

No 110

6	9	7	4	1	3	5	8	2
2	1	4	5	8	6	7	3	9
5	8	3	2	7	9	1	6	4
4	2	5	8	6	1	3	9	7
9	7	1	3	2	5	6	4	8
3	6	8	7	9	4	2	5	1
7	5	6	9	4	2	8	1	3
8	3	9	1	5	7	4	2	6
1	4	2	6	3	8	9	7	5

No 111

4	9	3	7	8	1	5	6	2
7	5	8	2	9	6	1	4	3
1	6	2	4	5	3	7	9	8
6	2	7	8	1	5	4	3	9
8	4	5	3	7	9	6	2	1
9	3	1	6	4	2	8	7	5
5	7	4	9	2	8	3	1	6
3	1	9	5	6	7	2	8	4
2	8	6	1	3	4	9	5	7

No 112

4	3	7	8	5	6	2	9	1
8	5	9	7	1	2	3	6	4
2	1	6	3	4	9	5	7	8
1	6	2	5	8	4	9	3	7
5	9	3	6	7	1	8	4	2
7	8	4	9	2	3	6	1	5
3	2	1	4	9	8	7	5	6
6	4	5	2	3	7	1	8	9
9	7	8	1	6	5	4	2	3

No 113

6	5	1	8	3	2	7	9	4
2	4	3	9	6	7	5	1	8
7	8	9	4	5	1	6	2	3
1	9	5	3	7	6	8	4	2
3	7	4	5	2	8	9	6	1
8	6	2	1	4	9	3	5	7
4	1	7	6	8	5	2	3	9
5	3	8	2	9	4	1	7	6
9	2	6	7	1	3	4	8	5

No 114

3	4	2	5	7	9	6	1	8
7	8	1	2	4	6	5	9	3
5	9	6	3	8	1	2	4	7
4	1	5	9	3	2	7	8	6
9	2	7	8	6	5	1	3	4
8	6	3	7	1	4	9	2	5
2	3	8	1	5	7	4	6	9
1	5	4	6	9	8	3	7	2
6	7	9	4	2	3	8	5	1

No 115

5	4	3	2	7	9	8	1	6
6	8	9	4	3	1	5	7	2
2	7	1	6	5	8	9	3	4
8	6	2	7	4	3	1	9	5
3	5	4	1	9	6	7	2	8
1	9	7	8	2	5	4	6	3
9	2	8	3	1	4	6	5	7
7	1	6	5	8	2	3	4	9
4	3	5	9	6	7	2	8	1

No 116

6	4	1	8	9	2	3	7	5
3	2	8	7	1	5	9	4	6
5	9	7	6	4	3	1	8	2
9	8	2	1	5	6	4	3	7
1	7	5	4	3	8	6	2	9
4	3	6	9	2	7	8	5	1
2	5	9	3	6	4	7	1	8
8	6	4	5	7	1	2	9	3
7	1	3	2	8	9	5	6	4

No 117

5	8	7	3	9	6	2	1	4
4	3	6	5	2	1	9	8	7
9	1	2	8	4	7	3	5	6
6	4	8	7	3	9	5	2	1
1	9	3	6	5	2	7	4	8
2	7	5	1	8	4	6	9	3
3	5	9	4	7	8	1	6	2
7	6	4	2	1	5	8	3	9
8	2	1	9	6	3	4	7	5

No 118

8	4	9	1	7	6	3	5	2
3	6	1	5	8	2	4	7	9
5	2	7	9	3	4	6	8	1
7	5	3	8	6	9	2	1	4
9	1	4	2	5	3	7	6	8
6	8	2	7	4	1	5	9	3
2	7	8	4	9	5	1	3	6
4	9	6	3	1	7	8	2	5
1	3	5	6	2	8	9	4	7

No 119

1	6	9	8	4	7	3	2	5
4	7	5	9	2	3	1	6	8
2	8	3	6	5	1	9	7	4
8	3	2	4	7	5	6	9	1
5	4	7	1	6	9	8	3	2
6	9	1	2	3	8	4	5	7
9	2	4	5	1	6	7	8	3
7	1	6	3	8	2	5	4	9
3	5	8	7	9	4	2	1	6

No 120

5	4	2	1	8	6	7	3	9
7	3	9	2	4	5	6	8	1
6	8	1	9	3	7	5	4	2
4	2	6	7	1	8	3	9	5
8	1	7	5	9	3	4	2	6
3	9	5	6	2	4	8	1	7
1	7	3	4	5	9	2	6	8
2	6	8	3	7	1	9	5	4
9	5	4	8	6	2	1	7	3

No 121

7	6	3	8	9	5	1	4	2
8	4	2	3	6	1	9	7	5
9	5	1	2	4	7	3	8	6
3	1	5	4	8	2	6	9	7
4	8	6	7	1	9	2	5	3
2	7	9	6	5	3	4	1	8
5	2	4	1	3	8	7	6	9
6	9	7	5	2	4	8	3	1
1	3	8	9	7	6	5	2	4

No 122

1	3	9	8	6	5	4	2	7
5	7	8	2	1	4	3	9	6
4	2	6	7	3	9	5	1	8
3	8	2	6	4	1	9	7	5
9	5	1	3	7	2	8	6	4
6	4	7	5	9	8	2	3	1
8	1	3	4	2	7	6	5	9
7	6	4	9	5	3	1	8	2
2	9	5	1	8	6	7	4	3

No 123

3	4	7	1	8	5	2	9	6
9	8	6	7	2	3	1	5	4
5	2	1	6	4	9	3	8	7
8	7	5	4	3	6	9	1	2
2	1	4	8	9	7	5	6	3
6	3	9	2	5	1	4	7	8
4	6	2	5	1	8	7	3	9
1	9	8	3	7	4	6	2	5
7	5	3	9	6	2	8	4	1

No 124

6	8	2	7	3	1	5	9	4
7	5	4	9	8	6	3	2	1
1	3	9	5	4	2	6	8	7
5	7	1	6	2	8	9	4	3
3	2	8	4	7	9	1	5	6
4	9	6	1	5	3	2	7	8
2	1	7	3	9	4	8	6	5
8	6	5	2	1	7	4	3	9
9	4	3	8	6	5	7	1	2

No 125

7	5	9	1	8	4	6	2	3
6	8	1	9	2	3	7	5	4
3	4	2	7	6	5	8	1	9
4	9	3	2	1	6	5	8	7
5	1	7	3	4	8	2	9	6
8	2	6	5	9	7	4	3	1
9	6	4	8	5	1	3	7	2
1	3	8	6	7	2	9	4	5
2	7	5	4	3	9	1	6	8

No 126

3	8	2	9	4	1	7	5	6
7	1	5	3	6	2	8	4	9
9	4	6	7	8	5	3	1	2
2	9	1	4	7	6	5	8	3
6	3	4	2	5	8	9	7	1
5	7	8	1	3	9	6	2	4
4	6	7	5	2	3	1	9	8
8	5	9	6	1	4	2	3	7
1	2	3	8	9	7	4	6	5

No 127

2	5	4	6	8	3	7	1	9
7	8	9	2	1	4	6	3	5
6	1	3	7	5	9	8	4	2
3	9	6	5	4	2	1	7	8
8	2	5	1	3	7	9	6	4
4	7	1	8	9	6	5	2	3
1	3	2	9	7	8	4	5	6
9	4	7	3	6	5	2	8	1
5	6	8	4	2	1	3	9	7

No 128

7	9	6	1	2	5	3	4	8
4	1	8	7	3	9	5	2	6
5	3	2	6	8	4	7	1	9
3	8	7	2	6	1	9	5	4
9	2	4	3	5	7	8	6	1
6	5	1	9	4	8	2	7	3
2	4	9	8	7	6	1	3	5
8	6	3	5	1	2	4	9	7
1	7	5	4	9	3	6	8	2

No 129

2	6	7	1	8	9	4	5	3
5	8	1	3	2	4	9	7	6
9	3	4	6	5	7	1	8	2
6	4	2	5	7	3	8	9	1
1	7	5	8	9	6	2	3	4
8	9	3	2	4	1	5	6	7
4	1	8	7	6	5	3	2	9
7	5	9	4	3	2	6	1	8
3	2	6	9	1	8	7	4	5

No 130

3	2	8	7	1	9	5	4	6
7	6	5	3	4	2	8	1	9
9	1	4	8	6	5	2	7	3
5	7	6	1	9	4	3	2	8
1	4	9	2	3	8	7	6	5
8	3	2	6	5	7	1	9	4
2	9	3	5	7	6	4	8	1
6	8	1	4	2	3	9	5	7
4	5	7	9	8	1	6	3	2

No 131

5	4	8	2	7	1	3	9	6
1	2	9	3	6	8	4	5	7
6	3	7	4	5	9	1	2	8
3	8	2	9	1	7	6	4	5
9	5	1	6	2	4	8	7	3
7	6	4	5	8	3	2	1	9
4	9	5	8	3	2	7	6	1
8	1	6	7	4	5	9	3	2
2	7	3	1	9	6	5	8	4

No 132

4	2	9	6	7	1	3	5	8
5	1	3	8	9	2	7	4	6
7	8	6	5	4	3	1	2	9
1	6	2	3	8	5	9	7	4
9	4	8	2	1	7	6	3	5
3	5	7	9	6	4	8	1	2
2	9	5	7	3	6	4	8	1
8	3	1	4	5	9	2	6	7
6	7	4	1	2	8	5	9	3

No 133

5	6	2	7	9	3	1	8	4
7	9	1	6	4	8	2	5	3
4	3	8	1	5	2	9	7	6
6	8	9	2	7	5	4	3	1
3	4	5	9	1	6	8	2	7
1	2	7	8	3	4	5	6	9
9	5	6	4	8	7	3	1	2
8	7	4	3	2	1	6	9	5
2	1	3	5	6	9	7	4	8

No 134

5	1	7	6	9	4	8	2	3
8	2	3	7	1	5	6	4	9
4	9	6	8	2	3	1	7	5
7	4	2	5	3	1	9	6	8
9	8	5	4	6	2	7	3	1
3	6	1	9	8	7	4	5	2
1	3	4	2	7	8	5	9	6
6	7	8	3	5	9	2	1	4
2	5	9	1	4	6	3	8	7

No 135

3	9	5	1	8	4	6	2	7
7	8	4	9	2	6	5	3	1
1	6	2	5	7	3	9	8	4
6	2	7	3	9	5	4	1	8
9	5	8	7	4	1	2	6	3
4	3	1	8	6	2	7	5	9
5	7	9	2	1	8	3	4	6
2	1	6	4	3	7	8	9	5
8	4	3	6	5	9	1	7	2

No 136

2	7	5	3	9	8	6	1	4
9	8	1	6	5	4	2	7	3
3	6	4	7	2	1	8	9	5
4	9	6	5	1	7	3	8	2
7	5	2	9	8	3	4	6	1
8	1	3	4	6	2	9	5	7
5	2	9	1	3	6	7	4	8
6	4	8	2	7	5	1	3	9
1	3	7	8	4	9	5	2	6

No 137

4	3	1	9	5	2	6	7	8
7	2	5	4	8	6	1	9	3
8	6	9	1	3	7	5	4	2
1	7	3	2	9	4	8	6	5
2	9	4	8	6	5	7	3	1
5	8	6	7	1	3	9	2	4
9	4	2	5	7	1	3	8	6
3	1	7	6	4	8	2	5	9
6	5	8	3	2	9	4	1	7

No 138

9	5	6	8	1	3	4	7	2
4	3	2	6	9	7	5	1	8
1	7	8	4	5	2	3	9	6
5	1	4	9	2	6	8	3	7
2	9	7	1	3	8	6	5	4
6	8	3	7	4	5	1	2	9
7	2	5	3	6	4	9	8	1
3	4	1	2	8	9	7	6	5
8	6	9	5	7	1	2	4	3

No 139

5	2	1	4	7	6	8	9	3
9	8	4	3	1	2	5	6	7
6	7	3	9	8	5	1	2	4
1	4	6	5	9	7	2	3	8
7	3	9	2	4	8	6	5	1
8	5	2	6	3	1	7	4	9
3	1	5	8	6	9	4	7	2
2	9	8	7	5	4	3	1	6
4	6	7	1	2	3	9	8	5

No 140

2	3	1	8	5	9	6	4	7
6	4	8	2	3	7	1	5	9
9	7	5	6	1	4	2	3	8
3	8	7	4	6	1	9	2	5
5	2	9	7	8	3	4	6	1
1	6	4	5	9	2	7	8	3
8	9	6	1	4	5	3	7	2
7	5	3	9	2	6	8	1	4
4	1	2	3	7	8	5	9	6

No 141

2	6	9	7	5	3	8	1	4
1	7	5	4	6	8	9	3	2
4	8	3	2	9	1	6	7	5
3	5	7	9	8	2	1	4	6
6	4	1	5	3	7	2	9	8
8	9	2	1	4	6	7	5	3
5	1	4	8	2	9	3	6	7
9	3	8	6	7	5	4	2	1
7	2	6	3	1	4	5	8	9

No 142

3	1	2	5	9	7	8	4	6
9	8	6	1	3	4	5	2	7
4	7	5	8	6	2	1	9	3
6	3	8	2	7	9	4	5	1
1	4	9	3	5	8	6	7	2
2	5	7	6	4	1	3	8	9
7	9	3	4	1	5	2	6	8
5	2	1	9	8	6	7	3	4
8	6	4	7	2	3	9	1	5

No 143

6	2	8	3	4	5	7	1	9
3	7	5	6	1	9	4	8	2
9	1	4	2	7	8	6	5	3
7	8	2	9	3	4	1	6	5
4	5	3	8	6	1	9	2	7
1	6	9	5	2	7	8	3	4
5	4	6	7	8	2	3	9	1
2	3	7	1	9	6	5	4	8
8	9	1	4	5	3	2	7	6

No 144

8	6	3	2	5	7	1	4	9
4	7	1	9	3	6	5	8	2
2	5	9	1	8	4	6	3	7
3	8	5	4	7	1	2	9	6
1	4	6	3	9	2	7	5	8
9	2	7	8	6	5	3	1	4
7	9	8	6	1	3	4	2	5
5	1	4	7	2	9	8	6	3
6	3	2	5	4	8	9	7	1

No 145

4	6	8	2	7	5	3	9	1
3	5	9	4	6	1	8	2	7
2	1	7	8	9	3	5	4	6
8	4	2	3	1	6	7	5	9
1	7	3	5	8	9	4	6	2
6	9	5	7	2	4	1	3	8
5	2	1	9	4	8	6	7	3
9	8	4	6	3	7	2	1	5
7	3	6	1	5	2	9	8	4

No 146

1	4	3	5	6	7	8	9	2
6	2	7	9	8	4	3	1	5
9	8	5	2	1	3	6	4	7
2	6	4	8	3	9	5	7	1
3	9	1	7	4	5	2	6	8
7	5	8	6	2	1	9	3	4
8	3	9	1	7	2	4	5	6
4	7	2	3	5	6	1	8	9
5	1	6	4	9	8	7	2	3

No 147

7	8	2	4	5	9	1	3	6
1	9	5	6	3	2	4	7	8
4	6	3	1	7	8	5	9	2
6	1	7	8	4	5	9	2	3
5	2	8	9	1	3	6	4	7
3	4	9	2	6	7	8	1	5
2	3	6	5	9	4	7	8	1
9	7	1	3	8	6	2	5	4
8	5	4	7	2	1	3	6	9

No 148

9	2	1	6	4	5	8	3	7
3	4	8	9	2	7	1	6	5
5	7	6	8	3	1	4	2	9
1	6	5	4	9	2	3	7	8
8	3	7	1	5	6	9	4	2
4	9	2	7	8	3	6	5	1
2	1	4	3	7	8	5	9	6
6	5	3	2	1	9	7	8	4
7	8	9	5	6	4	2	1	3

No 149

5	6	1	7	4	2	3	8	9
2	3	4	8	9	1	6	5	7
8	7	9	6	3	5	1	4	2
9	5	6	2	7	3	4	1	8
3	4	2	1	8	9	7	6	5
7	1	8	4	5	6	2	9	3
6	8	5	3	2	4	9	7	1
1	2	7	9	6	8	5	3	4
4	9	3	5	1	7	8	2	6

No 150

6	2	1	8	7	3	9	4	5
4	9	3	1	5	2	7	6	8
7	8	5	9	4	6	3	1	2
2	5	4	3	6	7	8	9	1
9	1	7	2	8	5	6	3	4
3	6	8	4	9	1	2	5	7
1	7	9	6	2	4	5	8	3
5	4	6	7	3	8	1	2	9
8	3	2	5	1	9	4	7	6

No 151

6	7	2	1	4	3	5	8	9
5	4	1	8	9	6	3	7	2
9	3	8	5	2	7	6	4	1
7	2	5	6	3	1	8	9	4
1	6	3	4	8	9	2	5	7
4	8	9	2	7	5	1	3	6
3	1	6	7	5	4	9	2	8
2	5	7	9	6	8	4	1	3
8	9	4	3	1	2	7	6	5

No 152

5	9	6	8	1	2	7	3	4
2	1	7	4	9	3	6	5	8
4	8	3	7	5	6	9	1	2
9	2	1	5	6	8	3	4	7
6	5	8	3	4	7	2	9	1
7	3	4	1	2	9	5	8	6
1	7	9	6	8	5	4	2	3
8	6	2	9	3	4	1	7	5
3	4	5	2	7	1	8	6	9

No 153

3	4	8	5	9	1	6	2	7
6	7	1	4	8	2	9	3	5
9	5	2	6	7	3	4	8	1
2	8	7	9	3	5	1	6	4
5	6	4	7	1	8	2	9	3
1	3	9	2	4	6	5	7	8
7	2	3	1	5	9	8	4	6
8	1	6	3	2	4	7	5	9
4	9	5	8	6	7	3	1	2

No 154

5	3	6	9	7	1	4	2	8
1	4	7	3	8	2	9	6	5
9	2	8	5	4	6	7	3	1
2	8	9	7	1	4	6	5	3
7	1	4	6	5	3	8	9	2
3	6	5	8	2	9	1	7	4
8	7	3	4	6	5	2	1	9
6	5	1	2	9	8	3	4	7
4	9	2	1	3	7	5	8	6

No 155

5	8	1	9	2	3	7	4	6
6	4	7	1	8	5	9	3	2
2	9	3	4	6	7	5	8	1
7	3	6	2	4	9	8	1	5
4	1	9	5	7	8	6	2	3
8	5	2	6	3	1	4	9	7
3	7	5	8	9	2	1	6	4
1	6	8	3	5	4	2	7	9
9	2	4	7	1	6	3	5	8

No 156

1	4	7	9	2	5	8	3	6
2	6	5	3	8	1	9	7	4
8	9	3	4	6	7	5	2	1
4	7	8	5	9	6	3	1	2
5	2	6	1	3	8	7	4	9
3	1	9	2	7	4	6	8	5
7	3	4	6	5	2	1	9	8
9	5	1	8	4	3	2	6	7
6	8	2	7	1	9	4	5	3

No 157

1	3	9	7	6	8	4	2	5
6	2	7	5	4	9	1	8	3
8	4	5	1	2	3	6	7	9
3	9	1	6	7	4	8	5	2
5	7	6	8	3	2	9	1	4
2	8	4	9	1	5	3	6	7
9	1	2	3	8	7	5	4	6
7	5	8	4	9	6	2	3	1
4	6	3	2	5	1	7	9	8

No 158

6	5	3	7	2	9	8	4	1
4	1	7	8	6	5	2	3	9
2	9	8	1	3	4	6	7	5
5	7	9	3	4	8	1	2	6
1	8	6	9	7	2	3	5	4
3	4	2	5	1	6	7	9	8
8	3	1	4	5	7	9	6	2
7	2	4	6	9	1	5	8	3
9	6	5	2	8	3	4	1	7

No 159

3	8	1	9	4	2	6	5	7
4	7	5	8	1	6	3	9	2
9	2	6	7	5	3	4	1	8
5	1	2	6	9	4	7	8	3
8	9	4	5	3	7	1	2	6
7	6	3	1	2	8	5	4	9
2	3	9	4	6	5	8	7	1
6	4	8	2	7	1	9	3	5
1	5	7	3	8	9	2	6	4

No 160

5	7	8	6	4	9	1	2	3
6	4	2	3	1	7	9	5	8
3	9	1	2	8	5	7	6	4
7	8	3	4	5	2	6	1	9
2	1	6	8	9	3	5	4	7
9	5	4	1	7	6	3	8	2
4	3	9	5	6	8	2	7	1
1	6	7	9	2	4	8	3	5
8	2	5	7	3	1	4	9	6

No 161

6	1	2	5	4	7	9	3	8
3	5	9	8	1	6	7	4	2
4	8	7	3	9	2	6	5	1
1	7	4	2	3	8	5	9	6
5	3	8	7	6	9	1	2	4
2	9	6	1	5	4	3	8	7
7	6	5	4	2	3	8	1	9
9	4	1	6	8	5	2	7	3
8	2	3	9	7	1	4	6	5

No 162

6	4	9	1	5	8	7	3	2
8	2	3	9	4	7	1	6	5
5	1	7	6	3	2	9	8	4
3	8	4	5	6	1	2	9	7
2	9	1	8	7	3	4	5	6
7	6	5	4	2	9	3	1	8
1	5	2	3	8	4	6	7	9
9	7	6	2	1	5	8	4	3
4	3	8	7	9	6	5	2	1

No 163

6	1	5	8	4	2	3	9	7
9	8	3	5	1	7	4	2	6
2	7	4	3	9	6	8	5	1
4	5	6	7	2	8	9	1	3
8	9	1	4	5	3	7	6	2
7	3	2	9	6	1	5	8	4
5	6	9	1	3	4	2	7	8
3	2	8	6	7	5	1	4	9
1	4	7	2	8	9	6	3	5

No 164

4	8	2	7	3	5	6	1	9
9	5	6	1	2	8	4	3	7
1	7	3	4	6	9	5	8	2
3	2	9	5	8	7	1	4	6
5	4	1	6	9	3	2	7	8
7	6	8	2	1	4	9	5	3
6	9	7	3	4	1	8	2	5
2	3	4	8	5	6	7	9	1
8	1	5	9	7	2	3	6	4

No 165

1	7	4	2	6	5	9	3	8
2	6	3	1	8	9	7	4	5
5	9	8	3	4	7	2	1	6
3	2	5	7	9	8	4	6	1
7	4	9	6	5	1	3	8	2
8	1	6	4	3	2	5	7	9
9	3	1	8	2	4	6	5	7
6	5	7	9	1	3	8	2	4
4	8	2	5	7	6	1	9	3

No 166

2	5	1	6	9	8	4	3	7
6	8	9	3	4	7	5	1	2
4	3	7	5	2	1	6	8	9
8	9	6	7	3	4	1	2	5
3	7	4	1	5	2	8	9	6
5	1	2	8	6	9	3	7	4
7	4	3	2	1	5	9	6	8
1	2	5	9	8	6	7	4	3
9	6	8	4	7	3	2	5	1

No 167

7	9	1	6	8	5	4	2	3
4	8	6	3	2	7	1	5	9
3	2	5	1	4	9	8	7	6
1	5	8	2	7	3	9	6	4
2	3	7	4	9	6	5	8	1
6	4	9	8	5	1	2	3	7
9	7	4	5	3	8	6	1	2
5	6	3	9	1	2	7	4	8
8	1	2	7	6	4	3	9	5

No 168

3	1	4	6	5	9	8	2	7
7	9	5	3	2	8	1	6	4
8	2	6	4	7	1	3	9	5
5	3	8	9	6	2	4	7	1
1	4	2	8	3	7	6	5	9
9	6	7	1	4	5	2	3	8
6	5	3	7	1	4	9	8	2
4	7	9	2	8	3	5	1	6
2	8	1	5	9	6	7	4	3

No 169

1	7	2	8	9	4	6	5	3
8	4	5	3	6	1	7	2	9
6	9	3	7	2	5	4	8	1
4	3	6	2	7	8	1	9	5
2	1	7	5	3	9	8	4	6
5	8	9	1	4	6	2	3	7
9	2	4	6	1	3	5	7	8
7	6	8	9	5	2	3	1	4
3	5	1	4	8	7	9	6	2

No 170

2	9	3	6	5	7	4	1	8
7	4	8	1	3	2	9	6	5
5	1	6	9	4	8	7	3	2
8	5	7	4	1	3	2	9	6
9	6	1	2	8	5	3	7	4
3	2	4	7	6	9	8	5	1
4	3	5	8	9	1	6	2	7
6	7	9	5	2	4	1	8	3
1	8	2	3	7	6	5	4	9

No 171

8	7	5	2	3	6	4	9	1
9	2	3	8	1	4	7	5	6
1	6	4	9	5	7	2	8	3
4	3	6	7	8	1	9	2	5
2	5	8	4	9	3	6	1	7
7	1	9	6	2	5	8	3	4
5	9	7	1	4	8	3	6	2
3	4	2	5	6	9	1	7	8
6	8	1	3	7	2	5	4	9

No 172

2	5	4	1	3	8	6	9	7
3	9	7	6	2	4	1	5	8
6	8	1	5	7	9	4	3	2
8	1	5	2	4	3	9	7	6
7	6	9	8	1	5	2	4	3
4	2	3	7	9	6	5	8	1
5	3	2	9	6	7	8	1	4
1	7	8	4	5	2	3	6	9
9	4	6	3	8	1	7	2	5

No 173

9	8	6	1	4	2	7	5	3
4	3	5	9	6	7	8	2	1
2	1	7	3	8	5	6	4	9
1	5	8	6	3	4	9	7	2
7	9	3	2	5	8	1	6	4
6	4	2	7	1	9	3	8	5
8	7	9	5	2	1	4	3	6
5	6	4	8	9	3	2	1	7
3	2	1	4	7	6	5	9	8

No 174

4	1	7	6	8	2	5	9	3
8	2	6	9	3	5	7	4	1
5	9	3	1	7	4	8	2	6
1	7	4	8	2	6	9	3	5
9	3	5	7	4	1	2	6	8
2	6	8	3	5	9	4	1	7
3	5	9	4	1	7	6	8	2
7	4	1	2	6	8	3	5	9
6	8	2	5	9	3	1	7	4

No 175

4	6	3	5	9	7	8	1	2
5	1	7	4	2	8	6	9	3
9	2	8	3	6	1	4	5	7
7	5	6	8	4	9	3	2	1
2	8	9	1	3	6	7	4	5
1	3	4	2	7	5	9	8	6
8	4	1	6	5	3	2	7	9
6	9	2	7	1	4	5	3	8
3	7	5	9	8	2	1	6	4

No 176

6	9	3	5	8	2	1	7	4
7	8	4	1	6	3	2	9	5
1	2	5	9	7	4	6	3	8
5	6	8	7	1	9	3	4	2
3	7	2	8	4	5	9	1	6
9	4	1	2	3	6	8	5	7
4	5	9	3	2	8	7	6	1
2	3	7	6	5	1	4	8	9
8	1	6	4	9	7	5	2	3

No 177

3	8	2	5	6	1	7	9	4
1	6	4	8	9	7	3	2	5
7	5	9	4	3	2	8	1	6
4	7	1	2	8	3	5	6	9
5	3	8	6	4	9	2	7	1
2	9	6	7	1	5	4	8	3
8	4	5	9	7	6	1	3	2
6	1	7	3	2	4	9	5	8
9	2	3	1	5	8	6	4	7

No 178

9	8	7	5	3	2	4	6	1
3	5	6	7	4	1	8	2	9
4	2	1	6	8	9	5	3	7
5	9	2	4	6	8	1	7	3
6	4	3	1	2	7	9	5	8
7	1	8	3	9	5	6	4	2
2	7	4	8	1	6	3	9	5
1	6	9	2	5	3	7	8	4
8	3	5	9	7	4	2	1	6

No 179

6	5	1	4	7	3	2	9	8
9	3	8	5	1	2	6	4	7
2	4	7	6	8	9	5	1	3
5	1	4	9	6	7	8	3	2
8	2	6	1	3	4	7	5	9
3	7	9	2	5	8	1	6	4
1	9	3	8	2	6	4	7	5
4	6	2	7	9	5	3	8	1
7	8	5	3	4	1	9	2	6

No 180

6	7	8	9	4	2	3	5	1
1	5	2	3	6	8	7	4	9
9	3	4	7	1	5	8	6	2
7	9	3	4	2	6	5	1	8
8	6	5	1	7	9	4	2	3
4	2	1	5	8	3	6	9	7
5	1	6	8	9	7	2	3	4
3	8	9	2	5	4	1	7	6
2	4	7	6	3	1	9	8	5

No 181

3	1	6	9	2	5	4	7	8
9	8	4	3	6	7	2	5	1
2	5	7	8	1	4	3	9	6
1	6	2	4	9	8	5	3	7
8	4	3	5	7	6	9	1	2
5	7	9	2	3	1	6	8	4
7	9	1	6	4	3	8	2	5
4	2	8	7	5	9	1	6	3
6	3	5	1	8	2	7	4	9

No 182

6	7	1	2	3	5	9	4	8
9	2	3	1	4	8	5	7	6
5	4	8	6	9	7	3	1	2
8	6	7	9	1	4	2	3	5
2	1	5	8	7	3	4	6	9
4	3	9	5	2	6	1	8	7
7	9	2	3	8	1	6	5	4
1	8	6	4	5	2	7	9	3
3	5	4	7	6	9	8	2	1

No 183

9	1	8	2	7	5	4	6	3
4	7	3	1	9	6	8	2	5
6	5	2	4	3	8	7	9	1
7	2	6	8	5	3	1	4	9
1	8	9	6	4	7	3	5	2
3	4	5	9	1	2	6	7	8
2	3	1	7	6	9	5	8	4
5	9	7	3	8	4	2	1	6
8	6	4	5	2	1	9	3	7

No 184

9	2	7	8	1	6	3	4	5
3	4	1	2	5	7	9	8	6
8	5	6	3	4	9	1	2	7
6	3	8	1	2	4	5	7	9
5	1	9	6	7	8	4	3	2
2	7	4	5	9	3	8	6	1
1	6	3	9	8	2	7	5	4
7	8	5	4	6	1	2	9	3
4	9	2	7	3	5	6	1	8

No 185

9	4	1	7	6	3	5	2	8
6	3	2	5	8	4	7	1	9
5	7	8	1	2	9	6	3	4
8	1	9	6	5	2	3	4	7
7	2	6	3	4	8	1	9	5
3	5	4	9	7	1	2	8	6
1	6	3	8	9	5	4	7	2
2	8	5	4	3	7	9	6	1
4	9	7	2	1	6	8	5	3

No 186

6	9	3	1	2	7	4	8	5
4	8	7	9	5	3	1	6	2
1	5	2	6	4	8	3	7	9
5	2	4	3	6	9	8	1	7
9	3	1	8	7	2	6	5	4
8	7	6	4	1	5	2	9	3
2	1	8	5	9	4	7	3	6
7	6	5	2	3	1	9	4	8
3	4	9	7	8	6	5	2	1

No 187

8	2	7	9	5	4	1	3	6
9	4	5	1	6	3	7	8	2
6	1	3	8	7	2	5	4	9
3	7	6	5	2	1	4	9	8
1	8	9	3	4	6	2	5	7
2	5	4	7	9	8	3	6	1
7	9	8	4	1	5	6	2	3
5	6	1	2	3	9	8	7	4
4	3	2	6	8	7	9	1	5

No 188

4	9	6	5	2	3	1	8	7
3	7	1	4	8	6	9	2	5
8	2	5	7	1	9	4	3	6
5	4	7	1	6	2	8	9	3
9	3	2	8	4	7	6	5	1
6	1	8	3	9	5	2	7	4
7	6	4	9	5	8	3	1	2
1	5	9	2	3	4	7	6	8
2	8	3	6	7	1	5	4	9

No 189

8	2	6	7	9	4	1	5	3
3	5	7	1	6	8	2	4	9
4	1	9	2	3	5	8	7	6
7	9	1	3	8	6	4	2	5
2	3	8	4	5	1	6	9	7
5	6	4	9	7	2	3	1	8
1	7	5	6	4	3	9	8	2
9	4	3	8	2	7	5	6	1
6	8	2	5	1	9	7	3	4

No 190

4	9	2	8	7	1	6	3	5
1	8	6	9	3	5	2	4	7
7	3	5	2	4	6	1	8	9
9	6	3	5	2	8	4	7	1
5	7	8	6	1	4	9	2	3
2	4	1	7	9	3	5	6	8
6	2	9	1	8	7	3	5	4
3	1	7	4	5	2	8	9	6
8	5	4	3	6	9	7	1	2

No 191

6	8	7	9	3	2	1	5	4
4	1	2	5	6	8	9	3	7
5	3	9	4	1	7	6	8	2
3	6	5	7	4	9	8	2	1
9	4	1	8	2	3	5	7	6
7	2	8	1	5	6	3	4	9
8	7	4	6	9	5	2	1	3
2	5	6	3	7	1	4	9	8
1	9	3	2	8	4	7	6	5

No 192

2	3	6	7	4	5	1	9	8
9	8	4	6	1	2	7	5	3
7	1	5	3	8	9	6	4	2
4	5	3	8	2	6	9	7	1
1	9	7	4	5	3	2	8	6
8	6	2	1	9	7	4	3	5
3	4	1	2	7	8	5	6	9
5	2	8	9	6	4	3	1	7
6	7	9	5	3	1	8	2	4

No 193

6	2	8	4	7	9	3	1	5
4	1	9	3	6	5	2	7	8
3	5	7	2	8	1	9	6	4
1	4	5	6	9	3	8	2	7
9	3	2	7	5	8	6	4	1
7	8	6	1	4	2	5	9	3
2	6	1	5	3	4	7	8	9
5	9	4	8	2	7	1	3	6
8	7	3	9	1	6	4	5	2

No 194

3	7	1	8	2	4	6	5	9
4	6	2	5	9	1	8	7	3
5	8	9	3	6	7	4	2	1
9	1	8	2	7	3	5	6	4
6	4	5	9	1	8	2	3	7
7	2	3	6	4	5	1	9	8
1	5	6	4	3	9	7	8	2
2	9	7	1	8	6	3	4	5
8	3	4	7	5	2	9	1	6

No 195

2	6	3	7	8	4	5	9	1
8	4	9	5	3	1	2	7	6
7	5	1	6	9	2	3	4	8
6	1	5	9	4	3	7	8	2
3	2	4	8	7	6	9	1	5
9	8	7	2	1	5	4	6	3
4	7	2	1	5	8	6	3	9
1	3	6	4	2	9	8	5	7
5	9	8	3	6	7	1	2	4

No 196

8	4	1	2	5	9	6	3	7
3	5	9	7	6	1	4	2	8
2	7	6	4	8	3	9	1	5
6	8	4	5	9	2	1	7	3
7	1	3	6	4	8	2	5	9
9	2	5	3	1	7	8	4	6
5	9	2	8	3	4	7	6	1
4	6	8	1	7	5	3	9	2
1	3	7	9	2	6	5	8	4

No 197

9	2	7	4	6	8	5	1	3
3	8	1	5	7	2	9	6	4
5	6	4	1	3	9	8	2	7
2	7	5	9	8	4	1	3	6
4	9	8	6	1	3	7	5	2
6	1	3	7	2	5	4	8	9
7	5	2	3	9	1	6	4	8
8	4	9	2	5	6	3	7	1
1	3	6	8	4	7	2	9	5

No 198

7	4	1	9	6	8	2	5	3
2	8	9	5	4	3	6	7	1
6	5	3	2	7	1	8	9	4
5	9	7	8	2	4	1	3	6
1	2	6	7	3	5	4	8	9
8	3	4	1	9	6	7	2	5
3	1	2	4	8	9	5	6	7
9	7	5	6	1	2	3	4	8
4	6	8	3	5	7	9	1	2

No 199

3	1	2	5	6	8	9	4	7
9	4	8	7	1	2	3	6	5
5	7	6	4	3	9	1	2	8
1	6	3	9	8	4	7	5	2
4	2	9	1	7	5	6	8	3
7	8	5	3	2	6	4	1	9
8	3	7	2	4	1	5	9	6
6	9	4	8	5	7	2	3	1
2	5	1	6	9	3	8	7	4

No 200

8	5	7	4	9	6	1	2	3
2	6	1	3	8	5	4	9	7
4	9	3	2	1	7	8	6	5
1	4	2	6	3	9	5	7	8
3	8	5	1	7	2	6	4	9
6	7	9	5	4	8	2	3	1
7	1	4	8	6	3	9	5	2
5	3	8	9	2	4	7	1	6
9	2	6	7	5	1	3	8	4

No 201

3	6	8	2	7	5	1	9	4
1	9	4	6	8	3	7	5	2
2	7	5	1	9	4	6	8	3
9	4	1	8	3	6	5	2	7
7	5	2	9	4	1	8	3	6
6	8	3	7	5	2	9	4	1
5	2	7	4	1	9	3	6	8
8	3	6	5	2	7	4	1	9
4	1	9	3	6	8	2	7	5

No 202

2	1	7	5	3	4	9	8	6
4	5	9	6	8	2	7	3	1
6	8	3	7	1	9	5	2	4
9	4	5	2	7	1	8	6	3
8	3	6	9	4	5	2	1	7
7	2	1	3	6	8	4	5	9
5	6	4	1	2	7	3	9	8
3	7	2	8	9	6	1	4	5
1	9	8	4	5	3	6	7	2

No 203

1	2	7	9	3	4	8	5	6
4	5	8	6	2	7	3	1	9
3	6	9	8	5	1	2	4	7
7	3	4	5	1	9	6	8	2
5	9	6	2	4	8	1	7	3
2	8	1	3	7	6	4	9	5
9	1	5	4	6	3	7	2	8
8	4	3	7	9	2	5	6	1
6	7	2	1	8	5	9	3	4

No 204

2	3	5	8	6	4	7	9	1
7	6	1	3	2	9	8	5	4
9	4	8	5	1	7	2	3	6
6	1	2	4	9	8	3	7	5
4	8	7	1	5	3	9	6	2
3	5	9	6	7	2	1	4	8
8	2	4	9	3	5	6	1	7
1	7	3	2	4	6	5	8	9
5	9	6	7	8	1	4	2	3

No 205

4	2	3	6	5	1	8	9	7
8	6	9	7	3	4	2	5	1
7	5	1	9	8	2	6	3	4
5	7	2	4	9	3	1	6	8
1	9	4	8	7	6	5	2	3
3	8	6	1	2	5	4	7	9
9	1	5	3	6	8	7	4	2
2	4	7	5	1	9	3	8	6
6	3	8	2	4	7	9	1	5

No 206

7	4	5	8	9	1	3	2	6
2	8	3	7	4	6	5	1	9
9	6	1	5	2	3	4	7	8
8	1	4	3	7	2	9	6	5
6	9	2	4	5	8	1	3	7
5	3	7	1	6	9	2	8	4
4	2	8	9	1	7	6	5	3
3	5	6	2	8	4	7	9	1
1	7	9	6	3	5	8	4	2

No 207

5	4	6	3	8	2	7	1	9
8	7	9	5	1	4	2	3	6
2	3	1	6	9	7	4	8	5
3	5	4	9	7	1	6	2	8
9	6	2	8	5	3	1	4	7
1	8	7	2	4	6	5	9	3
4	2	5	7	3	9	8	6	1
6	9	8	1	2	5	3	7	4
7	1	3	4	6	8	9	5	2

No 208

4	8	6	9	1	3	5	2	7
9	1	7	4	5	2	6	8	3
2	5	3	8	6	7	4	9	1
6	3	9	1	2	4	8	7	5
1	7	2	5	3	8	9	4	6
5	4	8	6	7	9	1	3	2
8	2	5	3	4	1	7	6	9
7	6	4	2	9	5	3	1	8
3	9	1	7	8	6	2	5	4

No 209

6	4	5	9	2	8	3	7	1
3	2	7	4	6	1	5	8	9
8	1	9	3	5	7	2	4	6
9	6	1	5	4	2	7	3	8
7	3	2	8	1	6	4	9	5
5	8	4	7	3	9	1	6	2
1	7	6	2	9	4	8	5	3
4	9	3	1	8	5	6	2	7
2	5	8	6	7	3	9	1	4

No 210

1	9	8	4	5	2	3	7	6
2	4	5	6	3	7	8	1	9
7	6	3	9	8	1	5	2	4
6	5	2	3	7	9	1	4	8
4	8	1	5	2	6	7	9	3
9	3	7	8	1	4	2	6	5
3	2	6	7	9	8	4	5	1
8	7	9	1	4	5	6	3	2
5	1	4	2	6	3	9	8	7

No 211

5	8	1	3	4	6	7	9	2
4	6	3	9	2	7	5	8	1
2	7	9	8	1	5	4	6	3
7	9	2	1	5	8	6	3	4
6	3	4	2	7	9	8	1	5
8	1	5	4	6	3	9	2	7
1	5	8	6	3	4	2	7	9
3	4	6	7	9	2	1	5	8
9	2	7	5	8	1	3	4	6

No 212

8	6	2	3	7	9	1	4	5
4	9	5	6	8	1	2	7	3
1	3	7	4	2	5	6	8	9
2	7	1	9	4	3	8	5	6
3	8	6	1	5	2	4	9	7
5	4	9	8	6	7	3	1	2
9	2	4	5	1	6	7	3	8
7	5	8	2	3	4	9	6	1
6	1	3	7	9	8	5	2	4

No 213

3	7	8	9	5	1	4	6	2
6	9	4	7	8	2	5	3	1
5	2	1	4	3	6	9	7	8
4	6	5	3	1	8	2	9	7
8	3	2	5	9	7	1	4	6
9	1	7	6	2	4	8	5	3
7	8	6	1	4	5	3	2	9
2	4	9	8	6	3	7	1	5
1	5	3	2	7	9	6	8	4

No 214

9	5	3	6	1	4	2	7	8
7	4	2	8	5	9	1	6	3
1	6	8	7	2	3	9	4	5
8	2	4	1	9	6	3	5	7
6	7	9	3	4	5	8	1	2
3	1	5	2	8	7	4	9	6
5	3	1	4	6	8	7	2	9
2	9	7	5	3	1	6	8	4
4	8	6	9	7	2	5	3	1

No 215

9	4	3	1	2	5	7	8	6
8	7	5	4	6	3	2	1	9
2	1	6	9	8	7	4	5	3
7	5	9	3	4	2	8	6	1
1	6	2	8	7	9	3	4	5
3	8	4	6	5	1	9	7	2
5	9	1	7	3	8	6	2	4
4	3	7	2	1	6	5	9	8
6	2	8	5	9	4	1	3	7

No 216

8	4	1	2	7	6	3	5	9
3	7	5	8	4	9	2	6	1
9	6	2	5	1	3	4	8	7
2	3	9	1	6	5	7	4	8
5	8	6	7	3	4	9	1	2
4	1	7	9	2	8	5	3	6
6	2	3	4	8	7	1	9	5
1	9	8	3	5	2	6	7	4
7	5	4	6	9	1	8	2	3

No 217

7	1	3	2	6	4	5	9	8
9	6	2	5	8	3	7	4	1
4	8	5	9	1	7	6	2	3
2	5	6	7	9	8	3	1	4
1	9	4	6	3	5	2	8	7
3	7	8	4	2	1	9	6	5
6	3	7	1	4	9	8	5	2
8	2	1	3	5	6	4	7	9
5	4	9	8	7	2	1	3	6

No 218

2	1	7	9	3	5	4	6	8
5	4	8	7	2	6	9	3	1
6	9	3	1	8	4	7	5	2
7	8	1	2	6	9	5	4	3
4	3	6	8	5	7	1	2	9
9	2	5	3	4	1	6	8	7
1	6	2	4	9	8	3	7	5
8	7	4	5	1	3	2	9	6
3	5	9	6	7	2	8	1	4

No 219

3	9	2	1	8	7	4	6	5
8	6	7	4	3	5	2	1	9
4	5	1	2	6	9	7	3	8
5	4	3	7	2	6	9	8	1
9	2	6	5	1	8	3	7	4
1	7	8	9	4	3	6	5	2
7	8	5	6	9	2	1	4	3
6	1	9	3	5	4	8	2	7
2	3	4	8	7	1	5	9	6

No 220

3	7	4	2	1	8	6	9	5
2	5	9	6	3	7	1	8	4
6	1	8	9	5	4	2	7	3
7	4	5	8	6	3	9	2	1
9	6	1	7	2	5	3	4	8
8	2	3	4	9	1	5	6	7
4	3	6	5	8	9	7	1	2
5	9	7	1	4	2	8	3	6
1	8	2	3	7	6	4	5	9

No 221

6	3	5	7	1	9	4	2	8
1	2	8	4	6	5	9	7	3
4	9	7	3	2	8	1	5	6
3	1	4	6	7	2	5	8	9
5	7	2	8	9	1	3	6	4
8	6	9	5	3	4	7	1	2
2	4	6	1	5	3	8	9	7
9	5	3	2	8	7	6	4	1
7	8	1	9	4	6	2	3	5

No 222

6	2	1	4	8	5	9	3	7
3	4	8	6	9	7	5	2	1
7	5	9	3	1	2	6	8	4
8	1	7	5	2	4	3	6	9
5	6	3	9	7	8	1	4	2
4	9	2	1	3	6	7	5	8
1	8	6	2	5	9	4	7	3
9	7	4	8	6	3	2	1	5
2	3	5	7	4	1	8	9	6

No 223

3	4	5	9	1	7	6	2	8
1	8	7	2	4	6	3	5	9
9	6	2	8	3	5	1	7	4
8	5	9	7	2	1	4	6	3
4	7	6	5	8	3	2	9	1
2	3	1	4	6	9	7	8	5
6	2	8	3	9	4	5	1	7
5	1	3	6	7	8	9	4	2
7	0	4	1	5	2	8	3	6

No 224

9	1	8	2	4	7	3	6	5
7	5	3	6	1	9	2	8	4
4	2	6	5	3	8	1	7	9
1	6	9	8	7	2	4	5	3
8	7	2	4	5	3	9	1	6
5	3	4	1	9	6	8	2	7
6	9	1	3	8	5	7	4	2
2	8	7	9	6	4	5	3	1
3	4	5	7	2	1	6	9	8

No 225

5	4	7	1	3	6	2	9	8
6	9	2	8	5	7	3	1	4
3	8	1	2	4	9	6	5	7
2	5	9	4	7	1	8	3	6
1	7	4	3	6	8	9	2	5
8	6	3	5	9	2	7	4	1
4	1	6	7	2	3	5	8	9
7	2	8	9	1	5	4	6	3
9	3	5	6	8	4	1	7	2

No 226

1	3	7	4	6	9	8	5	2
6	5	4	8	3	2	9	1	7
9	8	2	7	1	5	6	4	3
2	6	3	5	9	1	4	7	8
4	1	8	2	7	3	5	9	6
5	7	9	6	4	8	3	2	1
7	2	5	3	8	4	1	6	9
3	9	6	1	5	7	2	8	4
8	4	1	9	2	6	7	3	5

No 227

6	3	8	1	9	4	5	7	2
5	1	2	3	7	8	6	4	9
4	9	7	5	6	2	1	3	8
1	8	6	2	4	5	7	9	3
7	2	4	9	1	3	8	6	5
3	5	9	6	8	7	2	1	4
2	4	3	7	5	6	9	8	1
8	6	1	4	2	9	3	5	7
9	7	5	8	3	1	4	2	6

No 228

9	7	3	5	1	6	8	2	4
1	6	2	9	8	4	5	7	3
4	5	8	3	7	2	1	6	9
8	4	1	6	2	5	9	3	7
7	3	5	1	4	9	6	8	2
6	2	9	7	3	8	4	5	1
3	8	7	4	5	1	2	9	6
5	9	4	2	6	3	7	1	8
2	1	6	8	9	7	3	4	5

No 229

5	8	2	1	7	9	6	3	4
9	6	3	4	5	2	7	1	8
7	4	1	8	6	3	2	9	5
2	7	4	9	1	6	8	5	3
3	5	9	2	8	7	4	6	1
6	1	8	3	4	5	9	7	2
1	9	7	5	2	4	3	8	6
4	3	5	6	9	8	1	2	7
8	2	6	7	3	1	5	4	9

No 230

6	5	7	2	8	1	9	3	4
4	8	9	3	6	5	2	1	7
1	3	2	7	4	9	6	5	8
2	1	3	6	5	7	8	4	9
8	9	4	1	2	3	5	7	6
7	6	5	4	9	8	3	2	1
5	7	8	9	3	4	1	6	2
9	2	1	5	7	6	4	8	3
3	4	6	8	1	2	7	9	5

No 231

5	3	4	6	7	2	9	8	1
7	2	9	1	8	4	3	6	5
6	1	8	5	3	9	2	4	7
1	6	7	3	9	8	4	5	2
4	9	2	7	1	5	6	3	8
3	8	5	4	2	6	7	1	9
2	4	6	8	5	7	1	9	3
8	7	3	9	4	1	5	2	6
9	5	1	2	6	3	8	7	4

No 232

6	4	2	3	7	9	5	1	8
7	8	3	5	4	1	9	6	2
9	1	5	8	6	2	7	3	4
5	6	1	4	2	3	8	7	9
3	2	4	7	9	8	1	5	6
8	9	7	6	1	5	2	4	3
2	5	8	1	3	6	4	9	7
4	3	9	2	5	7	6	8	1
1	7	6	9	8	4	3	2	5

No 233

6	2	8	7	4	5	9	3	1
1	5	9	3	6	2	4	8	7
4	7	3	8	9	1	5	6	2
3	9	2	5	7	6	1	4	8
8	6	7	1	3	4	2	9	5
5	4	1	2	8	9	6	7	3
7	1	4	6	5	3	8	2	9
2	3	6	9	1	8	7	5	4
9	8	5	4	2	7	3	1	6

No 234

1	7	3	6	8	4	5	2	9
2	4	5	9	7	1	3	6	8
6	9	8	3	2	5	1	7	4
9	8	2	1	4	7	6	3	5
5	6	1	8	3	9	2	4	7
4	3	7	5	6	2	8	9	1
3	5	4	7	1	6	9	8	2
8	2	9	4	5	3	7	1	6
7	1	6	2	9	8	4	5	3

No 235

4	8	5	9	7	3	1	6	2
6	7	2	1	8	5	3	4	9
9	1	3	2	4	6	8	5	7
3	9	8	7	5	2	6	1	4
2	5	7	4	6	1	9	8	3
1	6	4	8	3	9	7	2	5
5	2	9	6	1	7	4	3	8
7	4	1	3	2	8	5	9	6
8	3	6	5	9	4	2	7	1

No 236

1	7	6	9	3	5	2	8	4
3	2	5	8	4	1	9	7	6
9	4	8	2	6	7	5	1	3
5	1	4	6	2	9	8	3	7
6	8	7	3	5	4	1	9	2
2	9	3	1	7	8	4	6	5
8	5	2	7	1	3	6	4	9
4	3	9	5	8	6	7	2	1
7	6	1	4	9	2	3	5	8

No 237

7	4	9	2	8	1	5	3	6
8	5	2	7	3	6	9	4	1
6	1	3	5	4	9	7	8	2
1	9	8	3	7	5	2	6	4
2	3	6	4	9	8	1	7	5
5	7	4	1	6	2	8	9	3
3	6	1	8	5	7	4	2	9
9	2	7	6	1	4	3	5	8
4	8	5	9	2	3	6	1	7

No 238

3	8	6	7	9	1	4	2	5
4	1	9	5	2	3	6	7	8
5	2	7	6	8	4	3	1	9
7	9	2	4	6	5	8	3	1
8	6	5	1	3	2	9	4	7
1	3	4	8	7	9	5	6	2
6	4	1	9	5	7	2	8	3
2	5	8	3	1	6	7	9	4
9	7	3	2	4	8	1	5	6

No 239

7	8	1	2	4	3	9	6	5
4	9	3	5	6	7	2	8	1
5	2	6	1	8	9	4	3	7
8	7	2	6	3	5	1	9	4
1	3	5	9	7	4	8	2	6
6	4	9	8	2	1	5	7	3
9	6	4	7	5	2	3	1	8
2	5	7	3	1	8	6	4	9
3	1	8	4	9	6	7	5	2

No 240

2	4	6	7	1	5	9	3	8
8	1	9	6	3	4	2	5	7
5	3	7	2	8	9	1	6	4
1	2	8	5	4	6	7	9	3
3	9	5	8	2	7	4	1	6
7	6	4	1	9	3	8	2	5
6	8	1	3	7	2	5	4	9
4	7	3	9	5	1	6	8	2
9	5	2	4	6	8	3	7	1

No 241

1	2	7	5	9	3	6	8	4
8	9	5	4	6	1	7	3	2
3	6	4	7	8	2	1	9	5
7	5	3	1	2	8	4	6	9
2	1	6	9	7	4	8	5	3
4	8	9	6	3	5	2	1	7
5	7	8	2	1	9	3	4	6
6	4	1	3	5	7	9	2	8
9	3	2	8	4	6	5	7	1

No 242

8	6	9	5	3	1	2	7	4
3	7	5	9	2	4	1	6	8
1	4	2	6	8	7	5	3	9
7	2	4	1	9	5	6	8	3
5	9	8	7	6	3	4	2	1
6	3	1	8	4	2	9	5	7
2	8	3	4	5	9	7	1	6
9	5	7	3	1	6	8	4	2
4	1	6	2	7	8	3	9	5

No 243

1	9	7	4	8	6	5	3	2
8	4	3	2	1	5	9	7	6
2	6	5	3	9	7	8	4	1
6	3	4	7	2	9	1	5	8
7	1	2	8	5	3	6	9	4
5	8	9	1	6	4	7	2	3
9	2	6	5	3	8	4	1	7
4	5	1	6	7	2	3	8	9
3	7	8	9	4	1	2	6	5

No 244

1	2	7	6	5	9	8	3	4
6	4	9	8	3	7	2	5	1
5	8	3	4	2	1	9	6	7
7	1	4	2	8	5	3	9	6
9	6	8	1	7	3	4	2	5
3	5	2	9	4	6	1	7	8
8	3	1	5	6	2	7	4	9
2	9	6	7	1	4	5	8	3
4	7	5	3	9	8	6	1	2

No 245

9	7	2	4	3	6	1	8	5
3	5	4	8	1	7	2	9	6
1	6	8	2	5	9	7	4	3
4	2	6	7	9	5	8	3	1
7	9	1	3	2	8	5	6	4
5	8	3	1	6	4	9	2	7
2	4	5	9	7	3	6	1	8
8	1	7	6	4	2	3	5	9
6	3	9	5	8	1	4	7	2

No 246

5	6	7	3	4	2	1	8	9
2	3	4	9	1	8	5	6	7
8	9	1	7	5	6	2	3	4
6	7	5	4	2	3	8	9	1
3	4	2	1	8	9	6	7	5
9	1	8	5	6	7	3	4	2
7	5	6	2	3	4	9	1	8
4	2	3	8	9	1	7	5	6
1	8	9	6	7	5	4	2	3

No 247

3	2	1	4	9	6	5	7	8
8	5	7	2	3	1	4	6	9
9	4	6	5	8	7	2	1	3
7	8	2	3	1	4	9	5	6
6	9	5	8	7	2	3	4	1
1	3	4	9	6	5	8	2	7
5	6	8	7	2	3	1	9	4
4	1	9	6	5	8	7	3	2
2	7	3	1	4	9	6	8	5

No 248

1	9	7	5	6	2	3	4	8
5	6	8	4	3	1	7	2	9
2	4	3	8	9	7	6	1	5
6	7	1	2	5	4	9	8	3
9	8	2	7	1	3	5	6	4
4	3	5	6	8	9	1	7	2
7	5	4	3	2	6	8	9	1
8	2	9	1	7	5	4	3	6
3	1	6	9	4	8	2	5	7

No 249

3	7	5	8	6	2	1	4	9
6	1	9	7	5	4	2	8	3
4	2	8	1	9	3	7	6	5
7	4	1	3	8	6	9	5	2
9	3	2	5	4	7	8	1	6
5	8	6	9	2	1	3	7	4
8	5	4	2	7	9	6	3	1
1	9	7	6	3	5	4	2	8
2	6	3	4	1	8	5	9	7

No 250

6	1	3	8	7	9	2	4	5
4	5	2	1	3	6	7	9	8
9	8	7	5	2	4	3	6	1
5	7	9	2	4	1	6	8	3
8	3	6	7	9	5	4	1	2
1	2	4	3	6	8	9	5	7
3	4	1	6	8	7	5	2	9
2	9	5	4	1	3	8	7	6
7	6	8	9	5	2	1	3	4

No 251

1	7	6	9	5	3	8	4	2
8	9	3	4	2	6	7	5	1
2	4	5	1	7	8	9	6	3
6	2	9	7	8	4	3	1	5
5	3	4	2	1	9	6	8	7
7	1	8	6	3	5	2	9	4
9	6	7	5	4	2	1	3	8
3	5	1	8	9	7	4	2	6
4	8	2	3	6	1	5	7	9

No 252

4	8	7	5	2	1	9	6	3
5	1	9	6	3	7	4	8	2
3	6	2	4	9	8	5	7	1
8	9	5	2	1	4	6	3	7
1	2	6	3	7	5	8	9	4
7	4	3	9	8	6	1	2	5
2	7	1	8	4	9	3	5	6
9	5	4	7	6	3	2	1	8
6	3	8	1	5	2	7	4	9

No 253

3	6	9	1	7	5	2	8	4
4	1	2	6	9	8	5	3	7
8	5	7	2	4	3	6	9	1
6	4	8	9	5	1	3	7	2
5	9	3	7	8	2	1	4	6
2	7	1	4	3	6	8	5	9
7	2	5	8	1	9	4	6	3
9	8	6	3	2	4	7	1	5
1	3	4	5	6	7	9	2	8

No 254

6	1	7	4	3	5	2	9	8
9	8	3	1	2	7	5	6	4
2	5	4	8	9	6	7	1	3
4	3	6	7	1	9	8	2	5
8	2	5	6	4	3	1	7	9
7	9	1	5	8	2	3	4	6
3	6	2	9	5	1	4	8	7
1	4	9	3	7	8	6	5	2
5	7	8	2	6	4	9	3	1

No 255

6	3	9	1	2	8	4	7	5
2	4	5	3	7	6	9	8	1
7	1	8	4	5	9	2	3	6
9	5	6	8	4	2	3	1	7
8	2	1	7	6	3	5	9	4
3	7	4	9	1	5	8	6	2
1	6	3	2	9	4	7	5	8
5	9	2	6	8	7	1	4	3
4	8	7	5	3	1	6	2	9

No 256

4	1	9	6	8	3	2	5	7
5	7	2	4	9	1	8	6	3
6	3	8	5	2	7	9	4	1
9	6	1	8	3	5	7	2	4
8	5	3	2	7	4	1	9	6
2	4	7	9	1	6	3	8	5
3	2	5	7	4	9	6	1	8
1	8	6	3	5	2	4	7	9
7	9	4	1	6	8	5	3	2

No 257

9	1	7	6	4	5	3	8	2
6	3	5	9	2	8	1	7	4
2	8	4	1	3	7	6	5	9
1	2	3	8	7	9	4	6	5
5	9	8	4	6	1	2	3	7
4	7	6	3	5	2	9	1	8
7	5	1	2	9	3	8	4	6
3	6	2	5	8	4	7	9	1
8	4	9	7	1	6	5	2	3

No 258

6	5	2	8	9	1	7	4	3
1	9	7	6	4	3	8	5	2
8	4	3	2	7	5	1	9	6
7	2	8	5	6	9	4	3	1
3	6	9	4	1	8	5	2	7
5	1	4	7	3	2	6	8	9
4	7	5	9	2	6	3	1	8
2	8	1	3	5	7	9	6	4
9	3	6	1	8	4	2	7	5

No 259

2	8	4	1	7	6	9	5	3
1	3	9	8	4	5	2	7	6
7	5	6	3	9	2	1	8	4
3	7	2	4	6	8	5	9	1
9	4	1	2	5	7	6	3	8
8	6	5	9	1	3	7	4	2
6	9	3	5	8	1	4	2	7
4	2	7	6	3	9	8	1	5
5	1	8	7	2	4	3	6	9

No 260

4	6	7	5	1	3	8	9	2
1	8	3	9	6	2	5	4	7
5	2	9	7	8	4	3	6	1
7	9	2	8	3	6	1	5	4
6	3	4	1	5	7	2	8	9
8	5	1	4	2	9	7	3	6
3	4	5	2	9	1	6	7	8
2	7	6	3	4	8	9	1	5
9	1	8	6	7	5	4	2	3

No 261

1	2	4	8	9	5	6	7	3
6	3	5	4	7	1	8	2	9
7	8	9	6	3	2	1	4	5
4	6	8	2	5	3	7	9	1
9	5	2	1	6	7	4	3	8
3	1	7	9	8	4	5	6	2
5	9	3	7	4	8	2	1	6
8	4	1	3	2	6	9	5	7
2	7	6	5	1	9	3	8	4

No 262

4	5	3	9	8	2	1	6	7
7	6	1	4	5	3	8	2	9
2	9	8	6	1	7	4	5	3
8	3	5	1	2	4	7	9	6
9	4	6	3	7	5	2	8	1
1	2	7	8	6	9	3	4	5
3	7	2	5	9	8	6	1	4
5	1	4	2	3	6	9	7	8
6	8	9	7	4	1	5	3	2

No 263

6	7	5	2	3	8	1	9	4
9	4	1	6	7	5	3	8	2
3	8	2	9	1	4	7	5	6
5	1	8	7	9	2	6	4	3
2	3	4	5	6	1	9	7	8
7	9	6	8	4	3	5	2	1
8	6	7	1	2	9	4	3	5
4	2	9	3	5	6	8	1	7
1	5	3	4	8	7	2	6	9

No 264

3	2	8	1	9	7	4	5	6
4	7	9	8	5	6	1	3	2
1	5	6	2	4	3	9	8	7
2	4	5	7	8	1	6	9	3
8	9	1	6	3	4	7	2	5
7	6	3	9	2	5	8	4	1
5	8	7	3	1	9	2	6	4
6	3	2	4	7	8	5	1	9
9	1	4	5	6	2	3	7	8

No 265

1	4	2	3	7	5	6	9	8
7	8	5	2	9	6	4	1	3
3	6	9	4	8	1	7	2	5
4	5	7	1	6	9	3	8	2
9	3	6	8	5	2	1	4	7
2	1	8	7	4	3	9	5	6
5	2	3	6	1	4	8	7	9
8	9	4	5	3	7	2	6	1
6	7	1	9	2	8	5	3	4

No 266

7	9	2	1	3	6	8	5	4
6	4	3	2	8	5	9	7	1
5	8	1	4	7	9	6	2	3
4	2	8	9	6	1	5	3	7
9	5	6	3	2	7	1	4	8
3	1	7	5	4	8	2	6	9
1	7	4	8	5	2	3	9	6
8	6	5	7	9	3	4	1	2
2	3	9	6	1	4	7	8	5

No 267

5	2	8	1	9	4	7	6	3
9	7	6	5	8	3	4	1	2
4	1	3	2	7	6	9	8	5
2	3	5	9	6	8	1	7	4
1	6	4	7	2	5	8	3	9
7	8	9	4	3	1	2	5	6
8	4	1	3	5	2	6	9	7
6	5	7	8	4	9	3	2	1
3	9	2	6	1	7	5	4	8

No 268

4	8	3	6	5	9	2	1	7
6	1	9	4	2	7	5	8	3
7	5	2	1	3	8	4	9	6
8	3	4	2	7	5	9	6	1
2	7	5	9	6	1	3	4	8
1	9	6	3	8	4	7	2	5
9	6	7	8	4	3	1	5	2
5	4	8	7	1	2	6	3	9
3	2	1	5	9	6	8	7	4

No 269

5	8	7	9	3	2	6	1	4
6	9	1	5	8	4	2	7	3
2	3	4	6	7	1	8	9	5
4	2	9	1	6	8	3	5	7
7	5	8	3	2	9	1	4	6
3	1	6	7	4	5	9	8	2
1	6	2	8	5	7	4	3	9
8	7	3	4	9	6	5	2	1
9	4	5	2	1	3	7	6	8

No 270

7	8	4	1	9	5	6	2	3
1	2	6	8	4	3	7	9	5
9	5	3	7	6	2	1	4	8
4	7	2	3	8	9	5	1	6
6	3	5	2	1	4	8	7	9
8	1	9	5	7	6	2	3	4
5	6	7	9	3	1	4	8	2
2	9	1	4	5	8	3	6	7
3	4	8	6	2	7	9	5	1

No 271

3	1	8	9	4	5	7	6	2
9	7	2	6	1	8	3	5	4
4	5	6	7	2	3	8	9	1
5	2	3	1	6	9	4	7	8
1	8	7	4	5	2	9	3	6
6	4	9	3	8	7	1	2	5
2	9	4	5	7	1	6	8	3
7	6	5	8	3	4	2	1	9
8	3	1	2	9	6	5	4	7

No 272

5	6	2	8	4	3	1	7	9
4	7	3	9	2	1	8	5	6
8	1	9	7	6	5	4	2	3
2	8	1	6	9	7	5	3	4
3	4	7	2	5	8	9	6	1
6	9	5	1	3	4	2	8	7
1	3	6	4	8	2	7	9	5
7	5	8	3	1	9	6	4	2
9	2	4	5	7	6	3	1	8

No 273

4	2	7	8	6	5	3	1	9
8	9	6	3	1	2	7	5	4
5	3	1	4	7	9	8	6	2
9	8	4	1	3	7	5	2	6
6	1	5	2	4	8	9	3	7
2	7	3	9	5	6	4	8	1
3	6	9	7	8	1	2	4	5
1	4	2	5	9	3	6	7	8
7	5	8	6	2	4	1	9	3

No 274

7	1	4	8	3	2	5	6	9
8	6	9	7	1	5	2	3	4
3	5	2	9	4	6	8	7	1
2	8	5	3	7	4	9	1	6
9	7	6	2	5	1	4	8	3
4	3	1	6	8	9	7	2	5
5	4	8	1	6	7	3	9	2
6	9	3	5	2	8	1	4	7
1	2	7	4	9	3	6	5	8

No 275

6	1	5	8	2	9	4	3	7
4	8	7	5	1	3	6	2	9
9	3	2	6	7	4	8	5	1
1	6	4	7	8	2	3	9	5
2	5	9	4	3	6	1	7	8
3	7	8	1	9	5	2	4	6
7	2	6	3	5	1	9	8	4
8	4	3	9	6	7	5	1	2
5	9	1	2	4	8	7	6	3

No 276

1	3	9	6	7	2	8	5	4
4	6	2	8	5	3	7	1	9
7	5	8	1	4	9	3	2	6
9	2	1	4	8	7	5	6	3
8	4	6	2	3	5	1	9	7
3	7	5	9	1	6	2	4	8
2	1	4	7	6	8	9	3	5
5	9	7	3	2	4	6	8	1
6	8	3	5	9	1	4	7	2

No 277

3	8	9	4	5	7	1	6	2
4	2	1	3	6	8	9	5	7
7	5	6	9	2	1	8	4	3
9	3	8	2	1	4	5	7	6
5	6	7	8	3	9	4	2	1
1	4	2	5	7	6	3	8	9
8	7	3	1	4	2	6	9	5
2	9	5	6	8	3	7	1	4
6	1	4	7	9	5	2	3	8

No 278

6	3	4	5	7	2	8	1	9
5	7	2	9	1	8	3	4	6
9	1	8	4	6	3	5	7	2
3	6	7	1	2	4	9	8	5
4	9	5	3	8	6	1	2	7
2	8	1	7	9	5	6	3	4
1	4	6	2	3	9	7	5	8
8	2	3	6	5	7	4	9	1
7	5	9	8	4	1	2	6	3

No 279

3	5	7	4	8	9	6	1	2
2	1	6	3	7	5	4	9	8
8	4	9	1	2	6	7	3	5
7	8	3	5	4	2	9	6	1
6	9	5	7	1	3	8	2	4
1	2	4	9	6	8	5	7	3
4	3	1	8	9	7	2	5	6
5	7	2	6	3	4	1	8	9
9	6	8	2	5	1	3	4	7

No 280

1	2	6	8	7	5	3	4	9
7	5	8	4	9	3	1	2	6
9	3	4	2	6	1	7	5	8
3	4	9	6	1	2	5	8	7
5	8	7	9	3	4	2	6	1
2	6	1	7	5	8	4	9	3
6	1	2	5	8	7	9	3	4
8	7	5	3	4	9	6	1	2
4	9	3	1	2	6	8	7	5

No 281

4	6	9	7	5	3	1	2	8
8	3	2	6	1	9	7	4	5
5	7	1	8	2	4	3	9	6
1	9	6	5	4	8	2	7	3
2	4	8	1	3	7	6	5	9
3	5	7	2	9	6	8	1	4
9	1	3	4	8	2	5	6	7
7	8	5	9	6	1	4	3	2
6	2	4	3	7	5	9	8	1

No 282

6	8	7	3	5	4	1	2	9
1	5	9	8	7	2	4	6	3
3	4	2	6	1	9	5	8	7
2	6	8	5	9	7	3	4	1
9	3	4	1	6	8	7	5	2
7	1	5	4	2	3	6	9	8
4	7	3	2	8	6	9	1	5
8	9	1	7	4	5	2	3	6
5	2	6	9	3	1	8	7	4

No 283

2	6	9	7	1	3	5	8	4
1	5	7	8	9	4	3	6	2
3	8	4	6	2	5	7	1	9
7	3	1	2	4	6	8	9	5
5	9	8	1	3	7	2	4	6
6	4	2	5	8	9	1	3	7
8	1	5	4	6	2	9	7	3
4	2	3	9	7	1	6	5	8
9	7	6	3	5	8	4	2	1

No 284

4	1	3	7	2	8	5	9	6
2	6	5	9	1	3	8	7	4
8	7	9	4	5	6	1	3	2
6	4	8	5	3	1	7	2	9
9	5	7	2	6	4	3	1	8
3	2	1	8	9	7	4	6	5
5	8	6	3	7	9	2	4	1
1	3	4	6	8	2	9	5	7
7	9	2	1	4	5	6	8	3

No 285

1	9	3	7	8	4	2	6	5
8	2	5	1	6	9	4	3	7
4	6	7	5	3	2	9	8	1
2	1	8	3	4	5	6	7	9
9	5	4	6	2	7	8	1	3
3	7	6	8	9	1	5	4	2
7	4	2	9	1	6	3	5	8
6	3	1	2	5	8	7	9	4
5	8	9	4	7	3	1	2	6

No 286

9	3	8	7	6	2	4	5	1
7	1	4	3	5	9	2	8	6
6	2	5	1	4	8	7	3	9
4	8	1	5	7	6	9	2	3
3	5	6	2	9	4	8	1	7
2	9	7	8	1	3	5	6	4
1	7	2	9	3	5	6	4	8
8	6	3	4	2	7	1	9	5
5	4	9	6	8	1	3	7	2

No 287

7	1	3	2	6	8	5	4	9
8	5	6	9	7	4	3	1	2
2	9	4	3	5	1	7	8	6
9	3	7	6	4	2	1	5	8
6	2	8	1	3	5	9	7	4
1	4	5	7	8	9	2	6	3
4	8	1	5	9	3	6	2	7
3	7	2	4	1	6	8	9	5
5	6	9	8	2	7	4	3	1

No 288

8	6	3	1	5	2	7	9	4
7	9	5	3	6	4	8	1	2
4	1	2	7	9	8	5	6	3
1	7	6	2	3	5	4	8	9
3	4	9	8	7	6	1	2	5
5	2	8	9	4	1	6	3	7
9	3	4	6	8	7	2	5	1
2	8	7	5	1	3	9	4	6
6	5	1	4	2	9	3	7	8

No 289

8	5	4	7	2	6	9	1	3
3	9	7	1	8	5	2	4	6
1	6	2	3	9	4	5	7	8
6	2	8	4	3	9	7	5	1
7	1	5	2	6	8	3	9	4
9	4	3	5	1	7	8	6	2
5	7	1	8	4	3	6	2	9
2	8	6	9	5	1	4	3	7
4	3	9	6	7	2	1	8	5

No 290

9	3	5	1	2	7	4	6	8
2	6	4	3	8	5	1	9	7
8	1	7	9	4	6	2	3	5
4	5	9	6	3	8	7	2	1
6	2	1	7	9	4	5	8	3
7	8	3	5	1	2	9	4	6
5	7	8	4	6	9	3	1	2
1	9	2	8	5	3	6	7	4
3	4	6	2	7	1	8	5	9

No 291

8	4	2	9	6	3	7	1	5
1	6	9	7	4	5	2	8	3
7	5	3	8	2	1	9	4	6
5	7	4	2	3	9	1	6	8
3	9	6	4	1	8	5	7	2
2	8	1	6	5	7	3	9	4
6	3	7	1	8	2	4	5	9
9	2	8	5	7	4	6	3	1
4	1	5	3	9	6	8	2	7

No 292

5	2	4	6	3	9	1	8	7
3	8	1	5	4	7	2	9	6
7	9	6	8	1	2	3	4	5
4	5	2	3	8	1	6	7	9
8	1	3	7	9	6	4	5	2
6	7	9	2	5	4	8	3	1
2	3	5	1	7	8	9	6	4
9	6	8	4	2	5	7	1	3
1	4	7	9	6	3	5	2	8

No 293

3	6	7	9	5	4	2	8	1
2	8	5	7	6	1	4	3	9
4	9	1	8	2	3	5	6	7
7	1	2	6	3	8	9	5	4
6	4	9	5	1	7	8	2	3
5	3	8	2	4	9	7	1	6
9	7	6	3	8	2	1	4	5
8	5	4	1	7	6	3	9	2
1	2	3	4	9	5	6	7	8

No 294

7	6	1	9	8	2	4	5	3
8	2	9	4	3	5	1	7	6
3	4	5	7	1	6	9	2	8
2	9	4	8	5	7	6	3	1
5	8	3	6	2	1	7	4	9
6	1	7	3	9	4	5	8	2
4	3	2	5	6	9	8	1	7
1	5	6	2	7	8	3	9	4
9	7	8	1	4	3	2	6	5

No 295

2	6	1	5	8	9	7	3	4
3	5	7	4	1	6	8	9	2
9	4	8	3	2	7	1	5	6
4	2	3	7	5	1	9	6	8
1	9	5	8	6	4	3	2	7
8	7	6	2	9	3	4	1	5
7	8	2	1	3	5	6	4	9
5	1	9	6	4	8	2	7	3
6	3	4	9	7	2	5	8	1

No 296

8	6	7	9	2	4	3	5	1
9	3	4	1	5	8	6	7	2
5	1	2	7	6	3	9	4	8
3	2	9	8	4	5	1	6	7
6	7	8	3	1	2	4	9	5
4	5	1	6	7	9	2	8	3
2	4	6	5	8	1	7	3	9
7	9	5	2	3	6	8	1	4
1	8	3	4	9	7	5	2	6

No 297

3	1	7	5	6	2	8	9	4
9	2	6	8	7	4	3	5	1
4	8	5	9	3	1	6	7	2
1	6	3	7	8	9	2	4	5
7	5	2	1	4	6	9	8	3
8	4	9	2	5	3	7	1	6
6	7	8	4	2	5	1	3	9
5	3	1	6	9	8	4	2	7
2	9	4	3	1	7	5	6	8

No 298

8	9	6	1	5	3	4	2	7
4	5	1	8	7	2	6	3	9
3	2	7	9	6	4	8	5	1
9	6	5	4	3	1	2	7	8
7	8	2	5	9	6	1	4	3
1	3	4	7	2	8	5	9	6
5	1	3	6	4	9	7	8	2
6	7	9	2	8	5	3	1	4
2	4	8	3	1	7	9	6	5

No 299

7	6	2	3	4	9	8	1	5
9	4	3	8	5	1	6	2	7
5	1	8	6	7	2	9	4	3
8	2	1	9	6	5	7	3	4
6	7	5	4	8	3	2	9	1
3	9	4	2	1	7	5	6	8
4	3	6	5	9	8	1	7	2
1	5	9	7	2	4	3	8	6
2	8	7	1	3	6	4	5	9

No 300

6	4	3	2	1	7	9	5	8
2	1	5	4	8	9	6	7	3
9	8	7	6	3	5	4	1	2
7	2	8	3	9	4	1	6	5
4	6	1	8	5	2	3	9	7
5	3	9	1	7	6	8	2	4
8	9	4	7	2	1	5	3	6
3	5	2	9	6	8	7	4	1
1	7	6	5	4	3	2	8	9

No 301

6	9	3	4	5	8	7	2	1
7	4	2	9	1	3	8	6	5
1	8	5	6	2	7	4	3	9
2	7	9	8	3	4	5	1	6
3	5	4	1	9	6	2	8	7
8	1	6	5	7	2	3	9	4
4	6	7	3	8	1	9	5	2
5	2	8	7	6	9	1	4	3
9	3	1	2	4	5	6	7	8

No 302

7	5	4	9	1	3	6	8	2
3	8	6	5	2	7	1	4	9
1	9	2	8	4	6	5	7	3
9	4	8	3	5	1	2	6	7
5	2	7	4	6	8	9	3	1
6	1	3	7	9	2	4	5	8
2	3	1	6	7	4	8	9	5
4	7	9	1	8	5	3	2	6
8	6	5	2	3	9	7	1	4

No 303

9	5	6	7	8	4	3	1	2
4	1	8	9	3	2	6	7	5
7	2	3	5	1	6	8	4	9
1	7	5	6	9	8	2	3	4
2	8	9	3	4	7	5	6	1
6	3	4	1	2	5	7	9	8
3	6	1	8	5	9	4	2	7
5	4	7	2	6	1	9	8	3
8	9	2	4	7	3	1	5	6

No 304

6	2	8	4	9	1	5	7	3
9	7	3	8	6	5	1	2	4
5	4	1	7	3	2	8	9	6
8	6	9	5	7	3	2	4	1
3	5	7	2	1	4	6	8	9
4	1	2	9	8	6	7	3	5
2	9	6	3	5	7	4	1	8
1	3	4	6	2	8	9	5	7
7	8	5	1	4	9	3	6	2

No 305

8	2	4	3	6	5	9	1	7
5	9	1	7	8	2	6	3	4
6	3	7	1	9	4	8	5	2
4	5	8	2	7	6	3	9	1
2	1	6	9	5	3	7	4	8
3	7	9	4	1	8	2	6	5
9	8	5	6	2	1	4	7	3
1	6	3	8	4	7	5	2	9
7	4	2	5	3	9	1	8	6

No 306

3	8	1	6	9	5	2	4	7
2	7	9	1	4	8	6	3	5
6	4	5	2	3	7	1	9	8
4	6	3	9	8	1	7	5	2
5	2	8	4	7	6	3	1	9
9	1	7	3	5	2	8	6	4
7	5	6	8	1	4	9	2	3
1	3	4	7	2	9	5	8	6
8	9	2	5	6	3	4	7	1

No 307

5	1	2	8	4	9	6	7	3
6	8	9	3	7	2	1	4	5
4	3	7	1	6	5	9	2	8
1	2	6	4	3	7	5	8	9
8	4	3	5	9	6	7	1	2
7	9	5	2	8	1	4	3	6
9	7	1	6	2	8	3	5	4
2	6	4	7	5	3	8	9	1
3	5	0	0	1	4	2	6	7

No 308

4	9	2	1	5	3	8	6	7
7	3	1	2	6	8	9	5	4
5	6	8	7	9	4	1	2	3
9	2	4	6	8	5	7	3	1
8	5	6	3	1	7	4	9	2
3	1	7	9	4	2	5	8	6
1	8	3	4	2	9	6	7	5
2	4	5	8	7	6	3	1	9
6	7	9	5	3	1	2	4	8

No 309

6	8	4	1	9	7	3	5	2
3	7	5	8	2	4	6	1	9
1	9	2	3	6	5	4	8	7
7	3	6	5	1	2	8	9	4
9	4	8	7	3	6	5	2	1
5	2	1	4	8	9	7	6	3
8	6	9	2	7	3	1	4	5
2	5	7	6	4	1	9	3	8
4	1	3	9	5	8	2	7	6

No 310

6	9	7	1	2	5	4	8	3
8	5	2	4	7	3	1	6	9
4	3	1	6	8	9	2	5	7
7	4	3	5	9	1	6	2	8
2	8	9	7	4	6	3	1	5
1	6	5	8	3	2	7	9	4
5	7	4	2	1	8	9	3	6
3	2	8	9	6	4	5	7	1
9	1	6	3	5	7	8	4	2

No 311

1	5	9	6	3	2	7	8	4
2	4	7	8	1	5	6	9	3
8	6	3	9	4	7	2	5	1
5	3	2	4	9	8	1	6	7
4	7	6	1	5	3	8	2	9
9	1	8	2	7	6	4	3	5
6	9	5	7	2	1	3	4	8
7	2	4	3	8	9	5	1	6
3	8	1	5	6	4	9	7	2

No 312

7	8	9	3	5	2	4	6	1
5	4	2	1	6	8	9	7	3
1	3	6	4	9	7	8	2	5
9	7	5	2	3	4	1	8	6
8	6	1	9	7	5	2	3	4
3	2	4	8	1	6	5	9	7
2	5	3	7	4	9	6	1	8
6	9	7	5	8	1	3	4	2
4	1	8	6	2	3	7	5	9

No 313

5	8	4	1	2	3	6	7	9
7	3	9	5	8	6	1	4	2
1	2	6	9	4	7	8	5	3
4	7	2	6	3	8	5	9	1
9	1	8	7	5	4	3	2	6
3	6	5	2	1	9	7	8	4
2	4	3	8	6	5	9	1	7
6	5	7	4	9	1	2	3	8
8	9	1	3	7	2	4	6	5

No 314

9	3	8	6	4	1	5	7	2
6	2	4	3	5	7	1	8	9
1	7	5	2	8	9	3	6	4
8	4	7	1	9	6	2	5	3
3	1	2	5	7	4	8	9	6
5	6	9	8	2	3	7	4	1
4	8	3	9	1	5	6	2	7
7	5	6	4	3	2	9	1	8
2	9	1	7	6	8	4	3	5

No 315

6	4	9	1	5	7	3	2	8
1	5	7	2	3	8	9	6	4
8	3	2	9	4	6	1	5	7
7	9	3	4	1	2	6	8	5
4	1	8	6	9	5	2	7	3
2	6	5	8	7	3	4	9	1
5	8	4	3	6	9	7	1	2
9	2	1	7	8	4	5	3	6
3	7	6	5	2	1	8	4	9

No 316

1	7	8	5	4	3	6	2	9
9	2	4	6	7	8	1	5	3
5	6	3	9	1	2	7	8	4
4	3	6	1	8	5	9	7	2
2	9	7	4	3	6	8	1	5
8	1	5	7	2	9	3	4	6
6	5	1	8	9	4	2	3	7
3	8	9	2	5	7	4	6	1
7	4	2	3	6	1	5	9	8

No 317

9	2	6	7	4	1	5	3	8
8	7	4	9	5	3	6	1	2
3	1	5	6	8	2	9	7	4
2	4	8	3	7	6	1	5	9
5	9	7	1	2	4	8	6	3
6	3	1	8	9	5	4	2	7
7	8	2	5	1	9	3	4	6
1	6	9	4	3	7	2	8	5
4	5	3	2	6	8	7	9	1

No 318

3	2	6	1	8	7	4	9	5
9	5	4	2	3	6	8	1	7
7	8	1	5	4	9	3	2	6
4	6	7	3	5	1	2	8	9
8	1	9	6	2	4	5	7	3
5	3	2	7	9	8	6	4	1
2	7	3	4	1	5	9	6	8
1	9	5	8	6	2	7	3	4
6	4	8	9	7	3	1	5	2

No 319

2	8	6	1	9	4	3	7	5
7	1	3	8	6	5	9	2	4
9	5	4	3	2	7	1	8	6
3	7	9	2	4	6	5	1	8
6	2	5	9	1	8	4	3	7
1	4	8	7	5	3	6	9	2
8	6	7	4	3	9	2	5	1
5	3	1	6	7	2	8	4	9
4	9	2	5	8	1	7	6	3

No 320

9	7	2	8	4	5	1	6	3
6	8	1	7	2	3	4	9	5
5	4	3	6	9	1	7	2	8
3	5	8	4	7	9	2	1	6
1	6	7	5	3	2	8	4	9
2	9	4	1	8	6	5	3	7
8	3	9	2	1	7	6	5	4
4	1	6	3	5	8	9	7	2
7	2	5	9	6	4	3	8	1

No 321

3	4	8	7	6	9	5	2	1
9	5	6	2	3	1	7	8	4
2	1	7	8	5	4	6	3	9
6	3	2	9	1	7	4	5	8
7	9	4	5	8	2	1	6	3
1	8	5	3	4	6	9	7	2
5	7	9	1	2	8	3	4	6
4	2	1	6	7	3	8	9	5
8	6	3	4	9	5	2	1	7

No 322

5	6	4	9	1	8	7	3	2
3	1	8	2	7	5	4	6	9
7	9	2	4	6	3	1	5	8
8	7	5	6	3	2	9	4	1
6	2	9	1	5	4	3	8	7
1	4	3	7	8	9	5	2	6
2	3	6	5	9	7	8	1	4
9	8	1	3	4	6	2	7	5
4	5	7	8	2	1	6	9	3

No 323

4	6	2	1	7	5	3	8	9
7	5	8	3	9	4	2	1	6
1	3	9	8	6	2	4	5	7
5	9	4	6	8	1	7	3	2
6	2	3	7	5	9	1	4	8
8	7	1	4	2	3	6	9	5
3	8	5	2	4	7	9	6	1
9	1	7	5	3	6	8	2	4
2	4	6	9	1	8	5	7	3

No 324

9	2	3	5	4	6	1	7	8
6	8	1	7	2	9	5	3	4
4	5	7	8	1	3	2	6	9
8	1	4	2	9	7	3	5	6
3	6	5	4	8	1	9	2	7
2	7	9	3	6	5	4	8	1
7	9	2	1	3	8	6	4	5
5	3	6	9	7	4	8	1	2
1	4	8	6	5	2	7	9	3

No 325

8	6	7	1	4	5	3	9	2
3	9	2	6	7	8	4	1	5
1	5	4	2	9	3	7	6	8
9	2	3	4	6	1	8	5	7
7	4	5	3	8	9	6	2	1
6	1	8	7	5	2	9	3	4
4	8	1	5	3	6	2	7	9
2	7	6	9	1	4	5	8	3
5	3	9	8	2	7	1	4	6

No 326

8	7	2	9	6	3	1	5	4
6	9	5	4	1	2	7	3	8
4	3	1	7	5	8	6	9	2
3	8	7	5	4	1	2	6	9
9	2	6	3	8	7	5	4	1
5	1	4	2	9	6	8	7	3
2	4	9	8	7	5	3	1	6
7	6	8	1	3	4	9	2	5
1	5	3	6	2	9	4	8	7

No 327

3	1	4	7	5	9	2	6	8
6	7	2	4	3	8	1	5	9
9	8	5	6	2	1	7	4	3
2	6	3	1	8	4	9	7	5
7	5	9	3	6	2	4	8	1
8	4	1	5	9	7	3	2	6
4	3	8	2	1	6	5	9	7
1	9	7	8	4	5	6	3	2
5	2	6	9	7	3	8	1	4

No 328

6	5	1	3	8	2	9	4	7
9	8	3	7	1	4	2	6	5
7	2	4	9	6	5	3	1	8
2	3	9	1	5	8	4	7	6
5	4	7	6	9	3	1	8	2
8	1	6	4	2	7	5	9	3
4	7	8	2	3	9	6	5	1
1	9	2	5	7	6	8	3	4
3	6	5	8	4	1	7	2	9

No 329

6	8	7	9	3	4	5	1	2
2	1	3	5	6	7	8	4	9
5	4	9	8	2	1	7	6	3
7	5	6	1	9	2	4	3	8
8	3	4	7	5	6	2	9	1
1	9	2	3	4	8	6	5	7
4	6	8	2	1	9	3	7	5
3	7	1	4	8	5	9	2	6
9	2	5	6	7	3	1	8	4

No 330

9	1	7	5	3	8	4	6	2
6	2	5	9	7	4	3	8	1
3	4	8	2	6	1	5	7	9
8	5	9	7	4	6	1	2	3
4	3	6	1	5	2	8	9	7
1	7	2	8	9	3	6	4	5
2	9	4	3	8	5	7	1	6
5	6	1	4	2	7	9	3	8
7	8	3	6	1	9	2	5	4

No 331

9	8	3	7	4	5	2	6	1
6	7	4	1	3	2	5	9	8
2	1	5	8	6	9	4	7	3
3	2	1	5	8	7	9	4	6
4	6	8	9	2	3	1	5	7
5	9	7	4	1	6	3	8	2
7	3	2	6	5	4	8	1	9
1	4	6	2	9	8	7	3	5
8	5	9	3	7	1	6	2	4

No 332

3	7	4	1	6	8	2	9	5
2	9	8	7	5	4	3	6	1
5	6	1	2	9	3	8	7	4
8	3	9	4	1	5	7	2	6
7	4	5	3	2	6	1	8	9
6	1	2	9	8	7	5	4	3
4	5	7	6	3	2	9	1	8
1	2	3	8	4	9	6	5	7
9	8	6	5	7	1	4	3	2

No 333

6	3	5	7	1	4	2	9	8
7	1	9	2	6	8	3	4	5
4	8	2	5	3	9	6	1	7
2	9	3	1	4	7	8	5	6
1	7	4	6	8	5	9	3	2
5	6	8	3	9	2	1	7	4
3	2	1	4	5	6	7	8	9
8	4	6	9	7	3	5	2	1
9	5	7	8	2	1	4	6	3

No 334

1	9	5	3	7	8	2	4	6
8	6	4	1	2	9	7	5	3
7	2	3	4	5	6	8	9	1
4	5	8	6	3	2	9	1	7
9	1	7	8	4	5	3	6	2
2	3	6	9	1	7	4	8	5
5	7	1	2	8	4	6	3	9
6	8	2	5	9	3	1	7	4
3	4	9	7	6	1	5	2	8

No 335

5	6	7	9	2	1	3	4	8
4	8	2	7	3	5	6	1	9
3	1	9	4	8	6	5	2	7
1	5	8	2	9	3	7	6	4
2	7	4	1	6	8	9	3	5
6	9	3	5	4	7	2	8	1
8	2	5	6	1	9	4	7	3
7	4	1	3	5	2	8	9	6
9	3	6	8	7	4	1	5	2

No 336

6	8	1	2	7	9	3	5	4
2	3	7	5	4	1	6	8	9
9	5	4	3	8	6	7	1	2
8	6	9	1	3	5	4	2	7
3	7	5	9	2	4	1	6	8
4	1	2	7	6	8	9	3	5
5	9	3	4	1	2	8	7	6
1	2	6	8	9	7	5	4	3
7	4	8	6	5	3	2	9	1

No 337

5	6	3	7	9	4	2	1	8
1	7	4	6	2	8	3	9	5
2	8	9	5	1	3	7	6	4
9	2	1	8	3	6	4	5	7
8	4	5	2	7	1	6	3	9
7	3	6	4	5	9	1	8	2
4	1	2	9	6	5	8	7	3
6	9	8	3	4	7	5	2	1
3	5	7	1	8	2	9	4	6

No 338

7	1	4	9	8	3	2	5	6
8	6	2	4	5	7	3	1	9
3	9	5	6	1	2	7	8	4
1	7	8	2	6	5	9	4	3
4	3	6	7	9	1	8	2	5
5	2	9	3	4	8	6	7	1
2	8	1	5	3	9	4	6	7
6	5	3	8	7	4	1	9	2
9	4	7	1	2	6	5	3	8

No 339

7	8	5	2	4	1	3	6	9
1	2	9	3	7	6	8	5	4
6	4	3	8	9	5	2	1	7
8	7	4	9	6	3	1	2	5
2	5	6	7	1	8	4	9	3
3	9	1	4	5	2	6	7	8
9	6	2	5	8	4	7	3	1
4	3	7	1	2	9	5	8	6
5	1	8	6	3	7	9	4	2

No 340

9	1	4	8	5	3	7	6	2
2	7	6	9	4	1	5	8	3
8	3	5	6	7	2	1	4	9
7	6	2	1	9	4	8	3	5
1	4	9	3	8	5	6	2	7
3	5	8	2	6	7	4	9	1
6	2	7	4	1	9	3	5	8
5	8	3	7	2	6	9	1	4
4	9	1	5	3	8	2	7	6

No 341

9	7	6	5	8	1	4	2	3
8	1	3	4	7	2	9	5	6
2	5	4	3	9	6	1	7	8
4	3	7	8	6	9	5	1	2
6	2	9	7	1	5	8	3	4
5	8	1	2	3	4	7	6	9
3	4	8	1	2	7	6	9	5
1	6	2	9	5	8	3	4	7
7	9	5	6	4	3	2	8	1

No 342

2	8	3	9	7	1	6	5	4
4	6	1	8	2	5	7	3	9
5	9	7	3	6	4	8	1	2
9	7	2	6	4	3	1	8	5
1	5	8	2	9	7	4	6	3
6	3	4	1	5	8	2	9	7
8	1	5	4	3	2	9	7	6
7	2	9	5	8	6	3	4	1
3	4	6	7	1	9	5	2	8

No 343

2	5	9	6	1	8	4	7	3
7	1	6	4	9	3	8	5	2
3	4	8	2	5	7	6	9	1
8	3	4	7	6	1	5	2	9
5	9	2	8	3	4	7	1	6
6	7	1	9	2	5	3	4	8
9	6	7	5	8	2	1	3	4
1	8	5	3	4	9	2	6	7
4	2	3	1	7	6	9	8	5

No 344

7	3	6	5	4	9	1	2	8
9	8	5	2	1	6	7	3	4
2	4	1	8	3	7	5	6	9
5	6	2	9	7	8	3	4	1
4	1	9	3	5	2	6	8	7
8	7	3	1	6	4	9	5	2
6	2	7	4	9	5	8	1	3
3	5	4	7	8	1	2	9	6
1	9	8	6	2	3	4	7	5

No 345

5	3	4	1	6	8	7	2	9
1	7	6	9	3	2	5	4	8
9	2	8	7	4	5	3	1	6
2	4	9	3	5	1	8	6	7
3	5	1	6	8	7	4	9	2
6	8	7	4	2	9	1	3	5
7	9	5	2	1	4	6	8	3
8	1	3	5	9	6	2	7	4
4	6	2	8	7	3	9	5	1

No 346

6	1	5	9	3	4	8	7	2
8	2	4	1	5	7	3	6	9
3	9	7	8	2	6	1	5	4
4	6	3	7	1	8	9	2	5
9	8	1	2	4	5	7	3	6
7	5	2	3	6	9	4	8	1
2	7	6	4	9	3	5	1	8
5	4	8	6	7	1	2	9	3
1	3	9	5	8	2	6	4	7

No 347

9	8	1	3	7	4	6	2	5
4	3	7	5	6	2	1	9	8
2	5	6	8	1	9	7	4	3
6	4	5	2	8	1	3	7	9
1	2	8	9	3	7	5	6	4
7	9	3	4	5	6	8	1	2
3	1	9	7	4	5	2	8	6
5	7	4	6	2	8	9	3	1
8	6	2	1	9	3	4	5	7

No 348

8	6	3	9	7	5	4	1	2
5	4	2	3	8	1	9	7	6
1	9	7	6	2	4	3	5	8
3	2	6	8	1	9	5	4	7
4	7	1	2	5	3	6	8	9
9	8	5	7	4	6	1	2	3
6	1	8	4	9	2	7	3	5
2	3	4	5	6	7	8	9	1
7	5	9	1	3	8	2	6	4

No 349

9	4	7	1	8	2	6	3	5
6	3	5	7	4	9	2	8	1
2	8	1	5	3	6	9	4	7
7	6	3	4	9	1	5	2	8
1	9	4	8	2	5	7	6	3
5	2	8	3	6	7	1	9	4
4	7	6	9	1	8	3	5	2
3	5	2	6	7	4	8	1	9
8	1	9	2	5	3	4	7	6

No 350

5	9	6	8	7	4	2	1	3
4	7	8	2	3	1	5	9	6
1	3	2	5	9	6	7	8	4
6	2	7	3	5	8	1	4	9
3	5	4	1	2	9	8	6	7
8	1	9	4	6	7	3	2	5
7	6	1	9	8	5	4	3	2
9	4	3	7	1	2	6	5	8
2	8	5	6	4	3	9	7	1

No 351

4	5	7	2	9	3	8	1	6
1	6	8	7	5	4	2	9	3
2	9	3	8	6	1	5	7	4
6	4	2	1	3	5	9	8	7
8	3	5	9	4	7	6	2	1
9	7	1	6	2	8	3	4	5
3	1	4	5	8	2	7	6	9
5	8	9	4	7	6	1	3	2
7	2	6	3	1	9	4	5	8

No 352

8	1	9	2	5	3	6	7	4
2	7	4	6	9	1	5	8	3
5	3	6	4	7	8	2	1	9
3	6	7	8	4	2	1	9	5
9	5	8	1	3	7	4	2	6
1	4	2	5	6	9	7	3	8
7	2	5	9	8	4	3	6	1
6	9	3	7	1	5	8	4	2
4	8	1	3	2	6	9	5	7

No 353

3	8	5	9	6	4	7	2	1
1	6	2	3	5	7	9	4	8
4	9	7	8	2	1	6	3	5
5	4	9	1	8	6	2	7	3
6	2	1	7	3	5	8	9	4
8	7	3	2	4	9	1	5	6
2	5	6	4	7	8	3	1	9
7	1	8	5	9	3	4	6	2
9	3	4	6	1	2	5	8	7

No 354

8	5	4	3	2	1	6	9	7
2	7	6	9	8	5	4	3	1
9	3	1	4	7	6	2	5	8
5	2	8	7	6	9	1	4	3
7	6	9	1	3	4	5	8	2
1	4	3	8	5	2	7	6	9
4	8	2	6	9	7	3	1	5
3	1	7	5	4	8	9	2	6
6	9	5	2	1	3	8	7	4

No 355

5	6	1	9	2	3	8	4	7
2	3	9	8	4	7	6	1	5
8	4	7	1	5	6	9	3	2
9	1	2	6	3	5	4	7	8
3	7	6	4	9	8	2	5	1
4	8	5	7	1	2	3	6	9
6	5	3	2	7	9	1	8	4
7	2	4	3	8	1	5	9	6
1	9	8	5	6	4	7	2	3

No 356

7	1	9	3	8	4	6	5	2
5	3	2	7	9	6	1	4	8
4	8	6	1	2	5	7	9	3
6	4	5	8	3	7	2	1	9
3	2	7	9	6	1	4	8	5
8	9	1	4	5	2	3	7	6
2	7	8	5	1	3	9	6	4
1	5	3	6	4	9	8	2	7
9	6	4	2	7	8	5	3	1

No 357

5	6	3	1	7	4	2	9	8
2	9	8	6	5	3	4	1	7
7	1	4	8	9	2	6	3	5
4	3	7	5	1	6	9	8	2
1	8	6	2	4	9	7	5	3
9	2	5	7	3	8	1	6	4
8	7	9	3	2	1	5	4	6
6	5	1	4	8	7	3	2	9
3	4	2	9	6	5	8	7	1

No 358

3	2	1	4	6	8	7	9	5
6	8	9	5	2	7	1	4	3
4	5	7	9	3	1	6	8	2
1	3	5	2	7	9	4	6	8
9	7	2	8	4	6	5	3	1
8	6	4	1	5	3	2	7	9
7	9	6	3	1	5	8	2	4
5	4	3	6	8	2	9	1	7
2	1	8	7	9	4	3	5	6

No 359

8	9	5	6	7	3	2	1	4
2	6	4	5	1	8	7	3	9
7	3	1	2	4	9	6	5	8
3	2	9	8	6	5	1	4	7
6	1	7	3	9	4	5	8	2
4	5	8	7	2	1	3	9	6
1	4	2	9	3	6	8	7	5
5	7	3	4	8	2	9	6	1
9	8	6	1	5	7	4	2	3

No 360

4	6	1	8	7	5	2	3	9
2	9	5	1	4	3	6	8	7
8	7	3	2	9	6	1	5	4
1	2	7	3	6	9	5	4	8
3	8	4	5	1	2	9	7	6
6	5	9	7	8	4	3	2	1
7	3	8	9	5	1	4	6	2
5	1	6	4	2	7	8	9	3
9	4	2	6	3	8	7	1	5

No 361

3	5	4	1	2	8	9	7	6
7	8	6	9	3	4	1	2	5
1	9	2	5	6	7	3	4	8
5	3	8	4	9	1	2	6	7
2	4	9	7	8	6	5	3	1
6	1	7	3	5	2	8	9	4
8	6	1	2	4	9	7	5	3
9	7	3	6	1	5	4	8	2
4	2	5	8	7	3	6	1	9

No 362

8	4	9	2	6	3	7	1	5
7	2	6	5	9	1	3	8	4
5	1	3	8	4	7	9	2	6
2	9	4	1	7	8	5	6	3
6	5	7	9	3	2	1	4	8
3	8	1	6	5	4	2	9	7
9	3	2	4	8	5	6	7	1
4	6	5	7	1	9	8	3	2
1	7	8	3	2	6	4	5	9

No 363

5	9	8	7	4	3	2	1	6
4	1	7	6	2	9	8	3	5
2	3	6	5	1	8	7	4	9
3	5	4	8	9	6	1	2	7
6	8	2	1	3	7	5	9	4
9	7	1	4	5	2	6	8	3
7	6	3	9	8	1	4	5	2
8	4	9	2	6	5	3	7	1
1	2	5	3	7	4	9	6	8

No 364

6	1	2	3	9	5	4	7	8
8	5	4	7	1	2	9	3	6
9	7	3	8	4	6	1	5	2
1	8	9	5	3	7	2	6	4
2	3	6	9	8	4	5	1	7
7	4	5	6	2	1	3	8	9
5	2	1	4	7	8	6	9	3
3	6	8	2	5	9	7	4	1
4	9	7	1	6	3	8	2	5

No 365

6	2	5	4	9	3	1	8	7
7	4	9	1	5	8	2	6	3
8	3	1	2	7	6	9	5	4
9	1	8	5	3	4	6	7	2
3	5	7	6	8	2	4	1	9
2	6	4	7	1	9	8	3	5
1	9	3	8	4	5	7	2	6
5	8	2	9	6	7	3	4	1
4	7	6	3	2	1	5	9	8

No 366

8	6	5	4	2	3	9	7	1
4	2	7	9	1	6	8	5	3
3	9	1	5	8	7	2	6	4
7	4	9	8	3	1	5	2	6
5	8	6	2	7	4	1	3	9
1	3	2	6	9	5	4	8	7
6	5	8	7	4	9	3	1	2
9	7	3	1	5	2	6	4	8
2	1	4	3	6	8	7	9	5

No 367

7	9	5	3	8	4	2	6	1
6	1	3	9	5	2	7	4	8
8	4	2	1	6	7	5	3	9
3	5	1	4	2	9	6	8	7
4	2	8	7	1	6	9	5	3
9	6	7	5	3	8	1	2	4
2	3	6	8	7	1	4	9	5
1	8	9	6	4	5	3	7	2
5	7	4	2	9	3	8	1	6

No 368

1	9	3	8	7	5	2	4	6
8	5	6	2	9	4	3	7	1
4	2	7	6	3	1	5	9	8
5	1	4	3	8	7	6	2	9
3	8	2	9	4	6	7	1	5
7	6	9	1	5	2	4	8	3
6	4	5	7	1	8	9	3	2
2	3	8	4	6	9	1	5	7
9	7	1	5	2	3	8	0	4

No 369

1	7	5	9	2	6	4	8	3
6	4	9	8	3	7	5	1	2
3	8	2	5	1	4	6	9	7
4	1	3	6	7	5	8	2	9
9	5	7	1	8	2	3	6	4
2	6	8	3	4	9	7	5	1
8	2	1	4	6	3	9	7	5
7	9	4	2	5	8	1	3	6
5	3	6	7	9	1	2	4	8

No 370

2	6	1	7	8	5	9	4	3
7	3	8	1	4	9	2	6	5
4	5	9	3	6	2	1	7	8
3	8	4	2	5	6	7	1	9
9	7	2	8	1	3	4	5	6
5	1	6	9	7	4	8	3	2
8	4	3	5	9	1	6	2	7
1	9	5	6	2	7	3	8	4
6	2	7	4	3	8	5	9	1

No 371

8	2	6	4	5	7	3	9	1
3	1	4	2	8	9	5	7	6
7	9	5	6	3	1	2	4	8
9	3	7	1	2	8	4	6	5
4	5	1	7	9	6	8	2	3
6	8	2	3	4	5	9	1	7
2	7	8	5	6	4	1	3	9
5	6	3	9	1	2	7	8	4
1	4	9	8	7	3	6	5	2

No 372

9	6	4	2	5	3	1	8	7
7	8	3	4	9	1	6	5	2
2	1	5	6	8	7	3	9	4
8	5	6	7	2	9	4	3	1
4	2	9	1	3	8	7	6	5
1	3	7	5	6	4	8	2	9
3	4	2	8	7	5	9	1	6
6	7	8	9	1	2	5	4	3
5	9	1	3	4	6	2	7	8

No 373

5	4	6	9	2	1	3	7	8
8	1	9	7	3	5	4	2	6
2	3	7	6	4	8	5	1	9
4	5	8	2	7	9	1	6	3
1	9	2	3	5	6	8	4	7
7	6	3	1	8	4	9	5	2
6	2	1	5	9	3	7	8	4
9	7	4	8	1	2	6	3	5
3	8	5	4	6	7	2	9	1

No 374

6	7	5	1	2	4	9	3	8
1	4	2	9	8	3	7	6	5
3	9	8	6	5	7	1	4	2
8	6	7	2	3	1	4	5	9
5	2	3	7	4	9	8	1	6
9	1	4	5	6	8	2	7	3
4	5	9	3	1	2	6	8	7
7	3	1	8	9	6	5	2	4
2	8	6	4	7	5	3	9	1

No 375

6	4	2	1	5	7	3	9	8
1	9	7	4	8	3	2	5	6
3	8	5	9	6	2	7	1	4
9	6	4	5	2	1	8	3	7
5	3	8	7	9	4	1	6	2
7	2	1	8	3	6	5	4	9
8	5	3	6	7	9	4	2	1
4	7	6	2	1	5	9	8	3
2	1	9	3	4	8	6	7	5

No 376

1	2	8	4	3	7	6	5	9
7	6	9	8	2	5	1	4	3
4	3	5	9	6	1	2	8	7
2	4	3	5	1	9	8	7	6
5	8	7	2	4	6	9	3	1
9	1	6	3	7	8	5	2	4
8	7	1	6	5	3	4	9	2
3	5	4	1	9	2	7	6	8
6	9	2	7	8	4	3	1	5

No 377

9	7	5	4	3	1	8	6	2
2	8	6	5	7	9	3	4	1
4	3	1	2	8	6	7	9	5
6	2	9	7	1	3	5	8	4
8	5	3	9	2	4	1	7	6
1	4	7	6	5	8	9	2	3
7	1	8	3	4	2	6	5	9
5	6	4	1	9	7	2	3	8
3	9	2	8	6	5	4	1	7

No 378

4	5	8	6	9	3	1	2	7
1	6	2	5	8	7	9	3	4
7	3	9	4	2	1	5	6	8
3	2	1	8	5	6	4	7	9
8	7	4	9	3	2	6	5	1
6	9	5	7	1	4	2	8	3
5	4	3	1	6	8	7	9	2
9	8	7	2	4	5	3	1	6
2	1	6	3	7	9	8	4	5

No 379

7	9	6	2	8	3	4	1	5
3	5	4	6	9	1	7	8	2
8	1	2	7	4	5	6	3	9
6	3	5	9	1	8	2	4	7
9	7	8	4	2	6	3	5	1
2	4	1	3	5	7	9	6	8
4	8	3	5	7	9	1	2	6
1	2	9	8	6	4	5	7	3
5	6	7	1	3	2	8	9	4

No 380

6	7	2	4	1	3	9	5	8
9	3	8	2	5	6	7	4	1
5	4	1	7	9	8	2	6	3
2	6	9	5	8	1	3	7	4
1	5	3	9	7	4	8	2	6
7	8	4	6	3	2	1	9	5
8	9	5	3	4	7	6	1	2
4	1	6	8	2	9	5	3	7
3	2	7	1	6	5	4	8	9

No 381

9	8	7	1	5	6	3	2	4
6	1	4	3	9	2	8	5	7
3	2	5	8	7	4	1	9	6
5	9	8	4	1	3	6	7	2
7	4	3	2	6	9	5	1	8
2	6	1	5	8	7	4	3	9
1	3	6	7	2	8	9	4	5
8	5	2	9	4	1	7	6	3
4	7	9	6	3	5	2	8	1

No 382

5	8	6	1	2	4	3	7	9
7	1	9	6	3	5	4	8	2
4	3	2	8	9	7	6	5	1
8	9	1	5	4	3	7	2	6
3	6	5	7	1	2	9	4	8
2	4	7	9	8	6	1	3	5
6	7	3	2	5	1	8	9	4
1	2	8	4	7	9	5	6	3
9	5	4	3	6	8	2	1	7

No 383

5	7	4	6	1	2	3	8	9
3	8	6	4	7	9	1	2	5
9	1	2	8	5	3	6	4	7
2	6	5	7	4	8	9	1	3
7	4	3	9	2	1	8	5	6
8	9	1	3	6	5	4	7	2
6	5	7	1	3	4	2	9	8
4	2	9	5	8	6	7	3	1
1	3	8	2	9	7	5	6	4

No 384

9	4	8	2	5	6	1	3	7
7	2	5	1	3	8	4	9	6
3	6	1	9	4	7	8	5	2
1	9	6	5	8	4	7	2	3
5	7	2	3	6	1	9	4	8
8	3	4	7	9	2	6	1	5
6	8	9	4	2	3	5	7	1
4	1	3	8	7	5	2	6	9
2	5	7	6	1	9	3	8	4

No 385

8	5	1	4	7	9	3	6	2
4	9	7	2	3	6	8	5	1
6	2	3	8	5	1	7	9	4
9	6	4	1	2	7	5	8	3
7	3	2	5	4	8	9	1	6
5	1	8	6	9	3	4	2	7
3	4	6	9	8	2	1	7	5
2	8	5	7	1	4	6	3	9
1	7	9	3	6	5	2	4	8

No 386

1	4	7	9	2	8	3	6	5
6	9	5	3	1	7	4	2	8
8	3	2	6	5	4	9	7	1
4	1	8	7	6	3	5	9	2
2	7	3	5	4	9	1	8	6
5	6	9	1	8	2	7	3	4
9	2	1	4	7	6	8	5	3
7	5	6	8	3	1	2	4	9
3	8	4	2	9	5	6	1	7

No 387

5	7	9	2	4	8	6	3	1
6	2	1	3	5	7	9	8	4
4	3	8	9	1	6	2	7	5
2	8	3	6	9	4	5	1	7
9	5	6	8	7	1	4	2	3
7	1	4	5	3	2	8	6	9
8	4	7	1	6	5	3	9	2
3	6	5	7	2	9	1	4	8
1	9	2	4	8	3	7	5	6

No 388

8	2	3	4	5	7	6	9	1
1	6	5	8	9	3	2	7	4
9	4	7	6	1	2	5	3	8
3	8	1	9	2	6	4	5	7
5	9	2	7	3	4	1	8	6
6	7	4	5	8	1	9	2	3
7	5	6	2	4	8	3	1	9
4	3	9	1	7	5	8	6	2
2	1	8	3	6	9	7	4	5

No 389

2	8	4	3	9	5	1	7	6
1	3	5	7	6	2	8	9	4
7	6	9	8	1	4	5	3	2
3	5	2	9	8	6	7	4	1
6	9	7	1	4	3	2	8	5
8	4	1	5	2	7	3	6	9
5	2	8	4	7	9	6	1	3
9	7	6	2	3	1	4	5	8
4	1	3	6	5	8	9	2	7

No 390

2	8	3	1	5	4	6	9	7
5	7	9	8	6	3	1	4	2
6	4	1	7	9	2	8	5	3
4	3	8	2	1	7	5	6	9
1	6	2	5	3	9	4	7	8
7	9	5	6	4	8	2	3	1
9	5	4	3	8	1	7	2	6
8	2	6	9	7	5	3	1	4
3	1	7	4	2	6	9	8	5

No 391

9	4	8	3	5	7	6	2	1
7	5	1	8	2	6	4	9	3
6	3	2	4	9	1	5	7	8
3	1	7	5	8	9	2	6	4
5	8	4	6	1	2	9	3	7
2	9	6	7	3	4	8	1	5
4	2	3	1	6	5	7	8	9
8	6	5	9	7	3	1	4	2
1	7	9	2	4	8	3	5	6

No 392

3	2	8	5	6	9	1	4	7
6	4	5	1	7	2	8	3	9
7	1	9	4	8	3	6	5	2
2	9	7	8	3	5	4	6	1
8	3	6	9	4	1	2	7	5
4	5	1	7	2	6	9	8	3
1	8	2	3	5	4	7	9	6
9	7	3	6	1	8	5	2	4
5	6	4	2	0	7	3	1	8

No 393

1	5	3	9	6	8	7	2	4
4	8	6	2	7	3	9	5	1
7	2	9	4	5	1	6	3	8
9	3	4	6	2	5	1	8	7
2	1	7	8	9	4	5	6	3
8	6	5	3	1	7	2	4	9
5	9	8	1	3	6	4	7	2
3	7	1	5	4	2	8	9	6
6	4	2	7	8	9	3	1	5

No 394

2	1	4	8	7	5	3	9	6
5	9	3	4	6	2	1	7	8
8	6	7	3	9	1	5	2	4
3	4	6	2	1	8	7	5	9
9	5	2	7	3	6	8	4	1
1	7	8	9	5	4	2	6	3
7	2	9	6	8	3	4	1	5
6	3	5	1	4	7	9	8	2
4	8	1	5	2	9	6	3	7

No 395

1	8	4	7	2	6	3	5	9
3	2	9	5	8	4	1	7	6
7	5	6	3	1	9	4	8	2
5	4	3	1	6	8	9	2	7
8	9	1	2	7	3	5	6	4
2	6	7	4	9	5	8	3	1
4	7	2	8	5	1	6	9	3
9	3	5	6	4	2	7	1	8
6	1	8	9	3	7	2	4	5

No 396

2	3	4	8	5	9	1	6	7
7	1	5	6	4	3	8	9	2
6	9	8	1	2	7	3	5	4
5	4	7	9	8	1	6	2	3
1	6	3	5	7	2	9	4	8
9	8	2	4	3	6	7	1	5
8	2	1	7	6	4	5	3	9
3	5	9	2	1	8	4	7	6
4	7	6	3	9	5	2	8	1

No 397

4	1	3	5	2	8	9	7	6
9	2	7	4	3	6	8	1	5
6	5	8	1	7	9	4	2	3
3	8	1	2	6	5	7	4	9
5	7	9	3	4	1	2	6	8
2	4	6	8	9	7	3	5	1
1	9	4	6	8	2	5	3	7
8	3	5	7	1	4	6	9	2
7	6	2	9	5	3	1	8	4

No 398

8	9	3	1	7	6	5	2	4
6	4	1	5	2	9	7	8	3
7	2	5	3	4	8	6	9	1
4	3	8	9	1	5	2	6	7
2	1	7	6	8	4	9	3	5
9	5	6	2	3	7	1	4	8
3	7	2	8	6	1	4	5	9
1	6	9	4	5	3	8	7	2
5	8	4	7	9	2	3	1	6

No 399

2	5	8	9	3	1	4	7	6
7	3	1	6	4	2	8	9	5
9	4	6	7	8	5	1	2	3
8	1	2	5	6	7	3	4	9
5	7	3	4	2	9	6	8	1
6	9	4	8	1	3	2	5	7
4	6	5	1	7	8	9	3	2
3	8	9	2	5	6	7	1	4
1	2	7	3	9	4	5	6	8

No 400

5	7	4	8	6	1	9	3	2
9	8	2	7	3	5	4	1	6
6	1	3	4	2	9	5	8	7
2	3	1	5	7	6	8	9	4
8	4	6	1	9	2	3	7	5
7	9	5	3	8	4	2	6	1
4	5	8	9	1	7	6	2	3
3	6	7	2	4	8	1	5	9
1	2	9	6	5	3	7	4	8

No 401

6	2	9	7	5	1	3	8	4
1	8	5	4	3	9	2	7	6
3	4	7	6	2	8	5	9	1
5	7	2	1	6	3	8	4	9
4	3	6	9	8	5	7	1	2
9	1	8	2	7	4	6	5	3
2	9	3	8	4	7	1	6	5
7	5	1	3	9	6	4	2	8
8	6	4	5	1	2	9	3	7

No 402

1	2	3	4	8	5	7	9	6
9	8	4	1	6	7	5	3	2
5	7	6	2	3	9	8	1	4
7	3	2	6	9	8	1	4	5
4	6	5	3	1	2	9	7	8
8	9	1	7	5	4	6	2	3
3	1	7	5	4	6	2	8	9
6	4	9	8	2	1	3	5	7
2	5	8	9	7	3	4	6	1

No 403

4	9	2	7	3	6	1	8	5
1	8	5	9	2	4	7	3	6
6	3	7	1	8	5	2	4	9
7	6	1	3	5	9	4	2	8
3	5	8	4	6	2	9	7	1
2	4	9	8	7	1	5	6	3
5	2	4	6	9	3	8	1	7
8	1	6	5	4	7	3	9	2
9	7	3	2	1	8	6	5	4

No 404

9	5	1	6	7	8	2	3	4
6	8	7	4	3	2	9	5	1
4	3	2	1	5	9	7	6	8
7	6	8	9	2	5	1	4	3
3	1	5	7	4	6	8	2	9
2	4	9	8	1	3	6	7	5
1	7	6	3	8	4	5	9	2
8	2	3	5	9	7	4	1	6
5	9	4	2	6	1	3	8	7

No 405

4	1	5	3	7	9	6	8	2
6	3	9	8	2	5	4	7	1
2	8	7	1	4	6	5	3	9
5	7	6	2	1	4	8	9	3
8	9	2	6	5	3	1	4	7
3	4	1	9	8	7	2	6	5
1	5	4	7	9	8	3	2	6
9	6	8	5	3	2	7	1	4
7	2	3	4	6	1	9	5	8

No 406

8	7	3	5	4	9	1	2	6
6	9	5	7	1	2	8	3	4
4	1	2	3	8	6	5	7	9
2	3	8	9	7	4	6	1	5
7	5	4	6	2	1	3	9	8
9	6	1	8	3	5	7	4	2
1	8	9	4	5	7	2	6	3
3	4	7	2	6	8	9	5	1
5	2	6	1	9	3	4	8	7

No 407

7	5	8	9	2	3	1	6	4
4	6	3	8	1	7	9	5	2
9	1	2	6	4	5	7	8	3
8	7	4	3	9	2	5	1	6
6	2	9	4	5	1	3	7	8
1	3	5	7	8	6	4	2	9
2	4	1	5	6	9	8	3	7
5	8	7	2	3	4	6	9	1
3	9	6	1	7	8	2	4	5

No 408

2	1	8	4	3	9	5	6	7
4	5	7	8	1	6	9	2	3
3	6	9	5	7	2	8	4	1
6	9	2	1	4	5	7	3	8
8	7	5	2	6	3	1	9	4
1	4	3	9	8	7	2	5	6
9	3	4	7	2	8	6	1	5
7	2	1	6	5	4	3	8	9
5	8	6	3	9	1	4	7	2

No 409

6	7	5	1	2	9	8	4	3
4	8	2	3	5	7	9	1	6
1	3	9	4	6	8	5	2	7
5	9	1	7	3	2	4	6	8
3	2	6	8	1	4	7	9	5
8	4	7	5	9	6	1	3	2
9	5	3	2	7	1	6	8	4
7	6	4	9	8	3	2	5	1
2	1	8	6	4	5	3	7	9

No 410

9	8	3	1	6	4	5	2	7
7	4	5	9	2	8	6	1	3
6	1	2	7	5	3	8	9	4
2	7	9	8	3	1	4	5	6
8	5	4	6	7	2	9	3	1
1	3	6	5	4	9	2	7	8
5	6	8	2	1	7	3	4	9
4	2	7	3	9	6	1	8	5
3	9	1	4	8	5	7	6	2

No 411

7	8	1	2	6	4	3	9	5
3	4	2	9	1	5	7	6	8
6	9	5	3	7	8	2	1	4
4	2	9	7	8	6	1	5	3
5	3	7	1	2	9	8	4	6
8	1	6	5	4	3	9	7	2
2	5	4	8	9	7	6	3	1
9	6	8	4	3	1	5	2	7
1	7	3	6	5	2	4	8	9

No 412

4	2	8	1	6	3	7	9	5
7	6	5	2	8	9	4	1	3
1	9	3	5	7	4	8	2	6
8	3	1	4	5	7	2	6	9
5	7	2	8	9	6	1	3	4
9	4	6	3	1	2	5	7	8
2	5	4	6	3	1	9	8	7
6	8	7	9	2	5	3	4	1
3	1	9	7	4	8	6	5	2

No 413

9	5	1	4	8	6	7	3	2
6	4	2	3	9	7	5	8	1
3	7	8	2	1	5	4	9	6
5	9	6	1	7	4	3	2	8
7	8	3	5	6	2	9	1	4
1	2	4	9	3	8	6	7	5
2	3	5	7	4	1	8	6	9
4	6	7	8	2	9	1	5	3
8	1	9	6	5	3	2	4	7

No 414

6	2	1	8	4	9	3	7	5
9	8	3	5	7	6	2	4	1
5	7	4	1	3	2	8	6	9
7	1	9	2	8	5	6	3	4
8	4	5	6	1	3	9	2	7
3	6	2	4	9	7	5	1	8
4	5	8	3	6	1	7	9	2
2	3	7	9	5	4	1	8	6
1	9	6	7	2	8	4	5	3

No 415

4	7	1	2	8	5	6	3	9
5	8	9	7	6	3	2	4	1
6	3	2	9	4	1	5	7	8
3	9	4	1	5	2	7	8	6
8	5	7	3	9	6	4	1	2
1	2	6	8	7	4	3	9	5
7	6	8	5	3	9	1	2	4
9	1	5	4	2	7	8	6	3
2	4	3	6	1	8	9	5	7

No 416

5	9	7	3	6	8	2	4	1
6	3	4	2	1	7	5	8	9
1	8	2	9	4	5	7	6	3
2	6	1	8	7	4	3	9	5
9	4	5	6	3	2	8	1	7
8	7	3	1	5	9	4	2	6
3	2	9	7	8	6	1	5	4
7	5	8	4	9	1	6	3	2
4	1	6	5	2	3	9	7	8

No 417

9	5	1	6	2	3	7	8	4
3	8	4	7	5	9	6	2	1
7	6	2	4	1	8	5	3	9
4	2	8	5	6	1	9	7	3
1	7	5	9	3	2	4	6	8
6	9	3	8	7	4	1	5	2
5	4	9	2	8	6	3	1	7
8	3	7	1	4	5	2	9	6
2	1	6	3	9	7	8	4	5

No 418

4	1	3	7	6	8	2	9	5
8	7	6	2	9	5	4	3	1
2	5	9	1	3	4	7	6	8
7	2	8	3	1	9	6	5	4
6	3	5	4	8	2	9	1	7
1	9	4	6	5	7	8	2	3
3	8	2	5	7	6	1	4	9
5	4	7	9	2	1	3	8	6
9	6	1	8	4	3	5	7	2

No 419

9	5	1	6	7	2	3	4	8
8	3	6	4	1	5	9	7	2
2	7	4	3	9	8	6	1	5
3	8	2	1	5	7	4	6	9
1	9	5	8	6	4	7	2	3
4	6	7	9	2	3	5	8	1
6	2	3	5	4	1	8	9	7
7	4	8	2	3	9	1	5	6
5	1	9	7	8	6	2	3	4

No 420

8	9	6	3	2	7	4	5	1
3	4	2	9	5	1	8	7	6
7	5	1	4	8	6	2	9	3
2	8	4	1	9	3	7	6	5
5	1	7	8	6	4	3	2	9
9	6	3	2	7	5	1	4	8
1	3	5	6	4	2	9	8	7
4	7	9	5	3	8	6	1	2
6	2	8	7	1	9	5	3	4

No 421

2	5	4	3	7	9	6	1	8
1	8	7	5	2	6	3	4	9
9	3	6	8	1	4	5	2	7
5	1	8	9	6	2	7	3	4
3	7	9	1	4	5	8	6	2
4	6	2	7	8	3	1	9	5
8	2	3	6	9	7	4	5	1
7	9	5	4	3	1	2	8	6
6	4	1	2	5	8	9	7	3

No 422

2	8	3	4	1	5	6	7	9
1	6	5	8	9	7	4	2	3
7	9	4	3	6	2	5	8	1
3	2	7	6	4	8	1	9	5
4	1	8	5	7	9	3	6	2
9	5	6	2	3	1	7	4	8
6	3	1	9	8	4	2	5	7
8	4	2	7	5	3	9	1	6
5	7	9	1	2	6	8	3	4

No 423

8	7	3	9	1	4	5	2	6
2	4	6	8	5	3	1	9	7
1	5	9	6	7	2	3	4	8
6	3	2	4	8	9	7	1	5
4	8	7	5	2	1	9	6	3
5	9	1	7	3	6	2	8	4
7	6	4	1	9	5	8	3	2
9	2	8	3	4	7	6	5	1
3	1	5	2	6	8	4	7	9

No 424

7	8	2	5	4	1	3	6	9
6	1	3	2	8	9	7	5	4
9	4	5	3	7	6	2	8	1
1	9	7	8	5	4	6	3	2
8	2	6	1	9	3	4	7	5
5	3	4	6	2	7	1	9	8
3	7	8	4	1	5	9	2	6
2	6	1	9	3	8	5	4	7
4	5	9	7	6	2	8	1	3

No 425

4	3	6	9	2	7	8	1	5
5	9	1	3	4	8	6	7	2
2	8	7	6	5	1	9	3	4
6	5	3	1	7	9	2	4	8
1	2	4	5	8	6	7	9	3
8	7	9	2	3	4	5	6	1
9	4	8	7	1	5	3	2	6
7	1	2	8	6	3	4	5	9
3	6	5	4	9	2	1	8	7

No 426

1	6	8	7	5	9	3	4	2
4	3	2	8	6	1	5	7	9
7	5	9	2	3	4	6	8	1
2	4	5	6	9	8	7	1	3
6	9	3	4	1	7	2	5	8
8	1	7	3	2	5	9	6	4
3	7	1	9	8	6	4	2	5
5	2	6	1	4	3	8	9	7
9	8	4	5	7	2	1	3	6

No 427

9	4	7	2	3	8	5	1	6
3	1	8	5	6	4	2	7	9
6	2	5	1	9	7	4	8	3
4	3	6	7	8	2	9	5	1
5	8	2	9	4	1	3	6	7
7	9	1	3	5	6	8	2	4
1	5	3	8	7	9	6	4	2
2	6	9	4	1	5	7	3	8
8	7	4	6	2	3	1	9	5

No 428

5	1	6	8	3	9	2	7	4
4	7	9	6	5	2	1	8	3
3	2	8	1	4	7	9	6	5
9	3	7	2	6	8	5	4	1
8	5	4	9	1	3	6	2	7
1	6	2	4	7	5	3	9	8
6	8	5	7	9	1	4	3	2
7	9	3	5	2	4	8	1	6
2	4	1	3	8	6	7	5	9

No 429

4	2	3	1	5	6	7	8	9
7	6	1	9	3	8	4	5	2
5	9	8	2	4	7	1	3	6
1	3	2	6	9	4	5	7	8
8	5	9	7	1	2	6	4	3
6	7	4	5	8	3	2	9	1
2	8	7	4	6	9	3	1	5
9	1	6	3	7	5	8	2	4
3	4	5	8	2	1	9	6	7

No 430

6	7	4	5	3	8	9	1	2
3	1	9	7	2	6	4	8	5
8	5	2	1	9	4	6	3	7
4	8	1	9	7	3	2	5	6
9	3	5	8	6	2	7	4	1
2	6	7	4	5	1	8	9	3
5	4	8	2	1	7	3	6	9
7	9	3	6	8	5	1	2	4
1	2	6	3	4	9	5	7	8

No 431

1	4	5	9	6	8	3	2	7
3	7	6	2	1	5	8	9	4
9	2	8	4	7	3	5	6	1
8	5	9	7	3	1	6	4	2
6	3	7	8	2	4	9	1	5
2	1	4	6	5	9	7	3	8
4	8	1	5	9	6	2	7	3
7	6	3	1	8	2	4	5	9
5	9	2	3	4	7	1	8	6

No 432

9	1	4	3	7	2	8	5	6
2	5	6	1	9	8	7	4	3
7	3	8	5	4	6	2	1	9
8	4	2	9	3	7	1	6	5
1	6	9	2	8	5	3	7	4
5	7	3	6	1	4	9	2	8
4	9	5	7	2	3	6	8	1
6	2	1	8	5	9	4	3	7
3	8	7	4	6	1	5	9	2

No 433

2	6	7	9	5	3	4	1	8
4	8	3	1	6	2	5	7	9
9	1	5	7	4	8	6	3	2
5	3	6	4	2	9	1	8	7
8	4	2	5	1	7	3	9	6
7	9	1	8	3	6	2	5	4
3	5	9	2	7	4	8	6	1
6	7	4	3	8	1	9	2	5
1	2	8	6	9	5	7	4	3

No 434

9	4	3	5	2	8	1	6	7
1	2	6	4	3	7	9	8	5
7	5	8	1	9	6	2	3	4
2	3	1	9	5	4	8	7	6
8	7	5	2	6	1	3	4	9
6	9	4	8	7	3	5	1	2
3	6	9	7	8	2	4	5	1
4	8	2	6	1	5	7	9	3
5	1	7	3	4	9	6	2	8

No 435

6	7	2	4	1	9	5	8	3
4	5	9	6	8	3	2	1	7
8	3	1	2	7	5	6	9	4
5	2	6	1	3	7	9	4	8
3	9	4	8	6	2	1	7	5
7	1	8	9	5	4	3	6	2
2	8	3	7	9	1	4	5	6
9	4	7	5	2	6	8	3	1
1	6	5	3	4	8	7	2	9

No 436

1	2	7	4	9	5	8	3	6
6	9	5	2	3	8	4	7	1
3	8	4	6	7	1	2	5	9
2	5	1	9	6	3	7	8	4
8	4	3	1	2	7	6	9	5
9	7	6	8	5	4	3	1	2
7	1	9	3	4	6	5	2	8
4	3	8	5	1	2	9	6	7
5	6	2	7	8	9	1	4	3

No 437

6	4	2	5	9	7	1	3	8
5	7	8	4	3	1	2	6	9
9	3	1	8	6	2	5	4	7
7	6	4	9	1	3	8	2	5
1	8	5	6	2	4	7	9	3
3	2	9	7	5	8	4	1	6
4	9	7	2	8	6	3	5	1
8	1	6	3	4	5	9	7	2
2	5	3	1	7	9	6	8	4

No 438

2	7	4	8	1	6	3	9	5
9	1	6	2	5	3	8	7	4
5	3	8	7	4	9	6	1	2
8	9	2	5	7	1	4	3	6
4	6	7	3	2	8	9	5	1
1	5	3	9	6	4	2	8	7
6	4	9	1	8	7	5	2	3
7	8	5	4	3	2	1	6	9
3	2	1	6	9	5	7	4	8

No 439

5	9	7	2	1	3	4	6	8
6	3	4	8	5	7	2	9	1
1	8	2	9	6	4	5	7	3
9	7	8	5	4	2	1	3	6
3	2	6	1	9	8	7	5	4
4	1	5	7	3	6	8	2	9
2	4	1	3	7	9	6	8	5
7	6	9	4	8	5	3	1	2
8	5	3	6	2	1	9	4	7

No 440

1	9	2	5	8	4	7	6	3
6	7	8	3	1	9	4	5	2
3	4	5	7	6	2	1	8	9
8	5	9	2	7	6	3	1	4
2	6	4	1	3	8	9	7	5
7	1	3	4	9	5	6	2	8
4	3	6	8	2	1	5	9	7
9	8	7	6	5	3	2	4	1
5	2	1	9	4	7	8	3	6

No 441

5	1	6	8	3	9	4	7	2
7	9	8	6	2	4	5	1	3
4	3	2	1	5	7	8	6	9
3	2	5	9	7	8	1	4	6
9	8	4	2	6	1	7	3	5
1	6	7	3	4	5	2	9	8
2	4	1	5	9	3	6	8	7
8	5	9	7	1	6	3	2	4
6	7	3	4	8	2	9	5	1

No 442

9	7	8	6	4	3	1	5	2
4	1	3	7	2	5	6	9	8
6	2	5	9	8	1	7	4	3
8	5	2	3	6	9	4	7	1
7	9	4	5	1	2	3	8	6
1	3	6	4	7	8	9	2	5
2	6	9	1	5	4	8	3	7
5	4	7	8	3	6	2	1	9
3	8	1	2	9	7	5	6	4

No 443

4	8	6	5	3	9	7	1	2
2	1	3	7	8	4	5	9	6
9	5	7	2	6	1	4	3	8
5	9	2	4	1	7	8	6	3
3	7	1	8	5	6	9	2	4
8	6	4	9	2	3	1	7	5
1	4	5	3	7	2	6	8	9
6	2	8	1	9	5	3	4	7
7	3	9	6	4	8	2	5	1

No 444

1	7	2	6	4	5	3	8	9
6	4	8	2	3	9	1	5	7
9	5	3	7	1	8	4	2	6
3	2	4	9	6	1	5	7	8
7	1	6	8	5	3	2	9	4
8	9	5	4	2	7	6	3	1
2	3	9	1	8	6	7	4	5
5	6	7	3	9	4	8	1	2
4	8	1	5	7	2	9	6	3

No 445

8	1	9	5	4	2	7	6	3
4	7	3	8	6	9	1	5	2
6	5	2	1	7	3	4	9	8
7	8	5	9	2	1	3	4	6
2	3	4	6	5	8	9	7	1
9	6	1	7	3	4	2	8	5
1	4	6	3	8	7	5	2	9
5	9	7	2	1	6	8	3	4
3	2	8	4	9	5	6	1	7

No 446

6	1	3	7	5	9	2	8	4
8	5	4	3	1	2	9	7	6
7	2	9	4	6	8	3	1	5
2	6	5	8	7	3	1	4	9
9	8	1	2	4	6	7	5	3
3	4	7	5	9	1	6	2	8
1	9	8	6	2	4	5	3	7
4	7	2	9	3	5	8	6	1
5	3	6	1	8	7	4	9	2

No 447

8	5	4	1	7	9	6	2	3
9	7	6	2	3	5	4	1	8
2	1	3	4	8	6	9	5	7
3	4	7	5	2	1	8	6	9
6	2	9	3	4	8	1	7	5
5	8	1	6	9	7	3	4	2
7	9	5	8	1	4	2	3	6
1	3	8	7	6	2	5	9	4
4	6	2	9	5	3	7	8	1

No 448

2	5	7	1	8	6	9	4	3
4	1	9	2	5	3	7	6	8
8	6	3	4	9	7	1	2	5
3	8	5	6	7	4	2	9	1
1	9	4	3	2	5	8	7	6
6	7	2	9	1	8	3	5	4
7	3	1	5	6	9	4	8	2
9	4	6	8	3	2	5	1	7
5	2	8	7	4	1	6	3	9

No 449

2	1	8	3	5	7	4	6	9
9	3	5	4	6	1	2	7	8
7	4	6	2	8	9	1	5	3
6	8	2	1	7	3	9	4	5
1	9	4	6	2	5	8	3	7
3	5	7	8	9	4	6	1	2
5	6	3	9	4	2	7	8	1
8	2	1	7	3	6	5	9	4
4	7	9	5	1	8	3	2	6

No 450

2	5	7	1	8	3	4	9	6
4	1	6	2	5	9	8	7	3
3	9	8	4	6	7	2	5	1
5	4	1	3	9	2	7	6	8
9	8	3	7	4	6	1	2	5
6	7	2	5	1	8	3	4	9
1	6	9	8	7	4	5	3	2
8	2	4	6	3	5	9	1	7
7	3	5	9	2	1	6	8	4

No 451

1	2	6	8	4	3	7	5	9
4	3	7	2	9	5	6	1	8
5	8	9	7	1	6	4	2	3
3	1	2	9	7	4	8	6	5
9	7	5	6	8	1	3	4	2
6	4	8	3	5	2	9	7	1
8	5	3	4	2	7	1	9	6
2	6	4	1	3	9	5	8	7
7	9	1	5	6	8	2	3	4

No 452

1	2	3	5	7	6	8	9	4
7	4	9	1	2	8	5	3	6
5	6	8	9	3	4	1	7	2
2	9	7	3	5	1	4	6	8
8	5	6	7	4	9	3	2	1
3	1	4	6	8	2	7	5	9
4	3	2	8	6	7	9	1	5
6	7	1	4	9	5	2	8	3
9	8	5	2	1	3	6	4	7

No 453

3	1	2	6	8	4	5	9	7
5	8	7	2	3	9	1	6	4
4	9	6	7	5	1	3	2	8
2	7	5	4	9	3	6	8	1
6	4	8	5	1	2	9	7	3
1	3	9	8	7	6	4	5	2
7	6	3	9	4	8	2	1	5
8	2	4	1	6	5	7	3	9
9	5	1	3	2	7	8	4	6

No 454

6	9	3	2	7	5	4	1	8
7	1	8	9	6	4	5	3	2
4	2	5	8	3	1	6	7	9
2	5	1	7	9	6	3	8	4
8	4	6	1	5	3	9	2	7
9	3	7	4	2	8	1	6	5
1	7	9	3	4	2	8	5	6
5	8	2	6	1	9	7	4	3
3	6	4	5	8	7	2	9	1

No 455

5	3	8	7	9	1	6	4	2
9	7	4	2	6	5	3	1	8
6	1	2	3	4	8	5	7	9
7	4	1	5	2	6	9	8	3
3	8	5	9	1	4	2	6	7
2	6	9	8	3	7	1	5	4
4	2	7	6	5	9	8	3	1
1	9	6	4	8	3	7	2	5
8	5	3	1	7	2	4	9	6

No 456

5	1	9	2	3	8	4	7	6
3	2	7	9	6	4	1	8	5
6	8	4	1	5	7	2	9	3
8	4	3	7	1	2	6	5	9
2	6	5	8	9	3	7	1	4
9	7	1	6	4	5	8	3	2
4	3	8	5	7	6	9	2	1
1	5	2	4	8	9	3	6	7
7	9	6	3	2	1	5	4	8

No 457

6	3	8	7	2	9	4	5	1
7	9	4	5	3	1	8	2	6
5	1	2	6	8	4	9	7	3
1	4	6	8	7	3	2	9	5
3	8	5	1	9	2	7	6	4
9	2	7	4	5	6	1	3	8
4	5	1	2	6	7	3	8	9
2	6	9	3	4	8	5	1	7
8	7	3	9	1	5	6	4	2

No 458

4	2	3	8	5	6	7	9	1
5	1	7	9	3	4	2	6	8
9	8	6	1	2	7	3	4	5
6	5	8	4	9	2	1	7	3
3	7	4	6	1	8	5	2	9
2	9	1	3	7	5	4	8	6
7	4	9	5	8	3	6	1	2
1	3	2	7	6	9	8	5	4
8	6	5	2	4	1	9	3	7

No 459

8	3	4	2	6	5	7	9	1
5	7	1	3	4	9	6	8	2
2	9	6	7	8	1	3	4	5
6	4	2	9	5	8	1	7	3
1	8	7	4	3	2	5	6	9
3	5	9	6	1	7	4	2	8
7	2	3	5	9	4	8	1	6
4	6	8	1	2	3	9	5	7
9	1	5	8	7	6	2	3	4

No 460

7	2	5	9	4	6	8	3	1
4	3	6	1	8	7	9	2	5
1	9	8	3	2	5	4	7	6
8	4	9	5	3	1	7	6	2
2	5	7	4	6	9	1	8	3
3	6	1	8	7	2	5	9	4
9	7	3	2	1	4	6	5	8
6	8	4	7	5	3	2	1	9
5	1	2	6	9	8	3	4	7

No 461

1	2	6	3	4	7	8	9	5
7	9	4	5	8	6	3	2	1
3	5	8	2	1	9	6	4	7
9	6	7	4	2	3	1	5	8
8	3	1	9	6	5	4	7	2
5	4	2	1	7	8	9	6	3
4	7	9	8	3	2	5	1	6
2	1	3	6	5	4	7	8	9
6	8	5	7	9	1	2	3	4

No 462

5	8	1	2	3	9	6	4	7
4	7	6	8	5	1	3	2	9
9	2	3	4	6	7	8	1	5
1	5	8	7	9	6	2	3	4
6	3	4	5	2	8	9	7	1
7	9	2	1	4	3	5	6	8
8	4	5	3	1	2	7	9	6
2	6	7	9	8	4	1	5	3
3	1	9	6	7	5	4	8	2

No 463

8	5	6	4	9	2	3	1	7
9	2	4	3	1	7	8	5	6
7	1	3	8	5	6	2	4	9
2	4	9	6	7	5	1	3	8
5	8	1	9	3	4	6	7	2
6	3	7	2	8	1	5	9	4
4	9	8	1	2	3	7	6	5
1	7	2	5	6	9	4	8	3
3	6	5	7	4	8	9	2	1

No 464

3	6	7	5	1	9	2	8	4
1	2	8	4	7	3	9	6	5
4	9	5	6	8	2	7	1	3
2	4	6	9	5	7	8	3	1
5	1	9	3	2	8	4	7	6
7	8	3	1	4	6	5	9	2
8	7	1	2	3	5	6	4	9
6	5	4	7	9	1	3	2	8
9	3	2	8	6	4	1	5	7

No 465

6	1	8	7	9	2	3	4	5
3	2	5	4	1	8	6	7	9
4	9	7	5	6	3	1	2	8
2	8	9	3	7	5	4	6	1
5	4	1	6	2	9	8	3	7
7	6	3	1	8	4	9	5	2
9	3	4	8	5	7	2	1	6
1	5	2	9	4	6	7	8	3
8	7	6	2	3	1	5	9	4

No 466

4	5	3	6	2	7	9	8	1
6	8	1	9	3	4	5	2	7
7	2	9	8	1	5	3	4	6
9	6	8	5	7	1	2	3	4
5	3	2	4	9	6	1	7	8
1	4	7	3	8	2	6	5	9
3	9	4	2	6	8	7	1	5
2	7	5	1	4	9	8	6	3
8	1	6	7	5	3	4	9	2

No 467

6	9	1	2	4	5	8	7	3
5	7	3	8	9	6	1	2	4
2	4	8	3	1	7	9	6	5
4	8	7	1	5	3	2	9	6
3	6	9	4	2	8	5	1	7
1	5	2	7	6	9	3	4	8
9	1	5	6	3	4	7	8	2
8	2	6	5	7	1	4	3	9
7	3	4	9	8	2	6	5	1

No 468

2	5	3	8	1	4	7	6	9
9	6	4	5	2	7	8	1	3
1	8	7	3	9	6	2	5	4
5	1	9	2	3	8	6	4	7
3	2	6	4	7	9	1	8	5
7	4	8	6	5	1	3	9	2
4	3	1	9	6	2	5	7	8
6	9	5	7	8	3	4	2	1
8	7	2	1	4	5	9	3	6

No 469

3	6	2	1	9	4	8	5	7
5	8	1	3	7	6	2	9	4
9	4	7	2	5	8	6	1	3
1	2	5	6	4	7	9	3	8
6	7	3	8	1	9	4	2	5
8	9	4	5	2	3	7	6	1
7	3	8	9	6	1	5	4	2
2	1	9	4	8	5	3	7	6
4	5	6	7	3	2	1	8	9

No 470

7	9	6	8	1	5	3	4	2
2	4	5	9	7	3	6	1	8
1	8	3	2	6	4	7	9	5
3	7	2	4	5	8	1	6	9
8	1	4	6	3	9	5	2	7
5	6	9	7	2	1	4	8	3
9	3	8	5	4	6	2	7	1
6	2	1	3	9	7	8	5	4
4	5	7	1	8	2	9	3	6

No 471

8	1	6	5	7	9	2	3	4
7	2	9	4	8	3	5	1	6
5	4	3	2	6	1	9	8	7
6	5	1	3	2	7	4	9	8
2	7	4	8	9	6	1	5	3
3	9	8	1	5	4	6	7	2
1	3	5	7	4	2	8	6	9
9	8	2	6	3	5	7	4	1
4	6	7	9	1	8	3	2	5

No 472

4	8	7	3	5	6	9	1	2
9	3	2	1	7	8	5	6	4
1	6	5	4	2	9	7	3	8
8	9	4	5	3	1	6	2	7
7	1	3	8	6	2	4	5	9
5	2	6	9	4	7	1	8	3
3	4	1	2	9	5	8	7	6
6	5	9	7	8	3	2	4	1
2	7	8	6	1	4	3	9	5

No 473

9	4	7	6	2	5	8	1	3
6	2	3	9	1	8	5	4	7
1	5	8	7	3	4	9	6	2
3	1	2	4	9	7	6	8	5
7	6	4	8	5	2	3	9	1
8	9	5	1	6	3	7	2	4
5	3	9	2	4	6	1	7	8
2	8	6	3	7	1	4	5	9
4	7	1	5	8	9	2	3	6

No 474

9	8	6	7	4	1	2	5	3
2	1	3	8	5	9	7	6	4
5	7	4	2	3	6	8	1	9
6	5	8	9	1	4	3	2	7
4	2	1	3	6	7	5	9	8
7	3	9	5	2	8	1	4	6
3	6	7	1	9	5	4	8	2
8	9	5	4	7	2	6	3	1
1	4	2	6	8	3	9	7	5

No 475

6	5	3	7	2	9	4	8	1
8	1	2	4	5	3	6	7	9
9	4	7	1	8	6	3	2	5
5	2	8	9	4	7	1	6	3
1	7	9	3	6	8	2	5	4
4	3	6	5	1	2	7	9	8
7	9	5	6	3	4	8	1	2
3	8	1	2	7	5	9	4	6
2	6	4	8	9	1	5	3	7

No 476

8	6	9	4	3	5	1	2	7
5	3	4	1	7	2	9	8	6
1	7	2	8	6	9	5	4	3
9	1	3	6	2	8	4	7	5
7	4	8	5	9	1	6	3	2
6	2	5	3	4	7	8	1	9
2	8	1	9	5	3	7	6	4
3	9	6	7	1	4	2	5	8
4	5	7	2	8	6	3	9	1

No 477

4	1	7	2	9	6	8	5	3
6	3	9	5	8	1	7	4	2
2	5	8	3	7	4	9	6	1
5	9	2	6	4	3	1	8	7
8	7	6	9	1	2	5	3	4
3	4	1	7	5	8	6	2	9
9	2	5	8	3	7	4	1	6
7	6	4	1	2	5	3	9	8
1	8	3	4	6	9	2	7	5

No 478

2	5	7	8	1	6	4	9	3
9	8	4	5	7	3	1	2	6
1	3	6	4	2	9	8	5	7
4	9	1	2	6	7	3	8	5
7	2	3	1	8	5	6	4	9
8	6	5	9	3	4	7	1	2
5	7	9	6	4	1	2	3	8
3	4	8	7	9	2	5	6	1
6	1	2	3	5	8	9	7	4

No 479

3	4	7	1	9	2	5	8	6
2	6	5	4	3	8	7	1	9
1	8	9	5	6	7	3	2	4
6	7	3	8	4	1	2	9	5
8	9	1	6	2	5	4	7	3
4	5	2	9	7	3	8	6	1
5	3	6	7	8	9	1	4	2
7	2	4	3	1	6	9	5	8
9	1	8	2	5	4	6	3	7

No 480

5	8	6	4	2	3	9	7	1
9	4	3	1	7	5	2	8	6
7	2	1	6	9	8	3	5	4
6	3	8	9	1	7	4	2	5
4	7	5	3	8	2	6	1	9
1	9	2	5	6	4	7	3	8
2	5	7	8	4	9	1	6	3
8	6	4	7	3	1	5	9	2
3	1	9	2	5	6	8	4	7

No 481

1	2	3	6	5	7	9	4	8
4	5	6	9	3	8	2	1	7
7	8	9	2	1	4	6	5	3
6	9	8	5	2	1	3	7	4
2	3	1	4	7	9	8	6	5
5	7	4	8	6	3	1	9	2
9	4	5	3	8	6	7	2	1
8	6	7	1	4	2	5	3	9
3	1	2	7	9	5	4	8	6

No 482

9	8	2	6	3	1	7	4	5
5	4	6	2	7	9	8	1	3
7	3	1	4	8	5	6	9	2
6	2	5	9	4	7	1	3	8
4	1	9	3	2	8	5	7	6
8	7	3	1	5	6	4	2	9
3	9	8	7	6	4	2	5	1
2	5	4	8	1	3	9	6	7
1	6	7	5	9	2	3	8	4

No 483

2	8	4	1	5	7	6	3	9
1	9	5	6	4	3	8	7	2
6	3	7	8	9	2	1	5	4
3	2	6	4	1	5	7	9	8
7	5	8	2	3	9	4	1	6
9	4	1	7	6	8	3	2	5
4	1	2	9	7	6	5	8	3
5	7	9	3	8	4	2	6	1
8	6	3	5	2	1	9	4	7

No 484

9	5	8	2	4	6	7	3	1
1	6	7	8	3	5	9	2	4
3	2	4	7	1	9	6	8	5
4	9	2	1	6	8	5	7	3
6	1	5	4	7	3	2	9	8
8	7	3	5	9	2	4	1	6
5	4	1	3	2	7	8	6	9
7	3	6	9	8	4	1	5	2
2	8	9	6	5	1	3	4	7

No 485

8	3	6	2	9	7	1	4	5
1	9	2	4	5	3	7	6	8
4	5	7	6	1	8	3	2	9
2	8	5	1	4	6	9	7	3
9	7	4	5	3	2	8	1	6
3	6	1	8	7	9	4	5	2
6	1	8	9	2	4	5	3	7
5	2	3	7	8	1	6	9	4
7	4	9	3	6	5	2	8	1

No 486

9	6	4	5	2	3	8	7	1
5	7	8	1	4	6	9	2	3
1	3	2	7	8	9	5	6	4
3	5	1	2	6	7	4	8	9
7	4	9	8	1	5	6	3	2
8	2	6	3	9	4	1	5	7
2	9	5	4	7	8	3	1	6
6	8	7	9	3	1	2	4	5
4	1	3	6	5	2	7	9	8

No 487

9	8	1	5	2	6	3	4	7
6	7	4	1	9	3	8	2	5
2	5	3	4	8	7	1	6	9
5	9	2	7	4	1	6	3	8
4	6	7	9	3	8	2	5	1
1	3	8	6	5	2	7	9	4
8	1	5	2	6	9	4	7	3
7	4	6	3	1	5	9	8	2
3	2	9	8	7	4	5	1	6

No 488

4	5	6	2	9	7	8	3	1
2	1	8	3	4	6	7	5	9
3	7	9	1	8	5	2	6	4
1	8	2	9	3	4	6	7	5
7	4	3	6	5	2	9	1	8
6	9	5	7	1	8	4	2	3
9	2	4	5	7	1	3	8	6
5	3	7	8	6	9	1	4	2
8	6	1	4	2	3	5	9	7

No 489

4	3	7	9	2	5	8	6	1
6	2	5	1	8	4	9	7	3
9	8	1	3	7	6	4	5	2
5	1	8	2	4	7	3	9	6
3	6	2	8	9	1	5	4	7
7	9	4	5	6	3	1	2	8
1	7	6	4	5	8	2	3	9
8	5	9	6	3	2	7	1	4
2	4	3	7	1	9	6	8	5

No 490

7	4	5	9	1	2	3	6	8
9	2	1	8	6	3	7	5	4
3	8	6	7	5	4	2	1	9
4	6	7	2	8	1	9	3	5
1	5	8	3	9	7	6	4	2
2	3	9	6	4	5	1	8	7
5	9	3	1	2	8	4	7	6
8	7	2	4	3	6	5	9	1
6	1	4	5	7	9	8	2	3

No 491

5	2	7	1	6	8	4	9	3
3	6	1	2	4	9	7	5	8
9	8	4	7	5	3	2	1	6
8	7	9	5	3	6	1	2	4
2	5	6	4	1	7	8	3	9
4	1	3	8	9	2	5	6	7
1	3	5	6	7	4	9	8	2
6	4	8	9	2	5	3	7	1
7	9	2	3	8	1	6	4	5

No 492

4	8	6	2	9	3	1	5	7
7	1	5	8	6	4	9	2	3
3	2	9	5	7	1	6	4	8
8	9	2	4	3	6	5	7	1
1	4	3	7	2	5	8	9	6
5	6	7	1	8	9	2	3	4
9	7	1	3	5	8	4	6	2
6	3	4	9	1	2	7	8	5
2	5	8	6	4	7	3	1	9

No 493

7	3	2	4	1	8	9	5	6
6	5	8	2	9	7	4	3	1
4	9	1	5	6	3	7	2	8
9	8	3	7	2	5	6	1	4
5	1	4	6	3	9	8	7	2
2	7	6	8	4	1	3	9	5
1	6	9	3	5	4	2	8	7
3	2	7	1	8	6	5	4	9
8	4	5	9	7	2	1	6	3

No 494

1	9	8	2	3	5	6	4	7
7	2	4	8	9	6	3	5	1
6	3	5	1	7	4	8	9	2
5	6	7	4	1	8	9	2	3
9	8	1	3	5	2	7	6	4
2	4	3	9	6	7	1	8	5
4	5	9	7	8	3	2	1	6
8	7	2	6	4	1	5	3	9
3	1	6	5	2	9	4	7	8

No 495

9	8	5	3	2	4	6	1	7
3	7	1	6	5	9	2	8	4
4	2	6	7	8	1	5	3	9
6	1	2	8	9	5	4	7	3
7	9	3	2	4	6	8	5	1
8	5	4	1	7	3	9	2	6
5	4	7	9	1	8	3	6	2
2	3	9	5	6	7	1	4	8
1	6	8	4	3	2	7	9	5

No 496

8	4	9	5	3	1	2	7	6
1	6	7	4	9	2	5	8	3
3	2	5	7	8	6	1	4	9
7	5	8	6	1	4	9	3	2
2	3	6	9	5	8	4	1	7
9	1	4	3	2	7	6	5	8
5	8	2	1	7	9	3	6	4
4	7	1	2	6	3	8	9	5
6	9	3	8	4	5	7	2	1

No 497

9	4	2	7	5	6	3	1	8
7	1	5	3	2	8	4	9	6
8	3	6	9	1	4	5	2	7
3	7	9	2	8	5	6	4	1
5	8	4	6	9	1	2	7	3
2	6	1	4	3	7	9	8	5
4	5	8	1	6	9	7	3	2
1	2	7	5	4	3	8	6	9
6	9	3	8	7	2	1	5	4

No 498

3	4	1	7	2	9	8	6	5
7	6	2	8	5	1	9	3	4
9	8	5	3	4	6	7	1	2
6	5	7	9	1	8	4	2	3
4	1	8	2	3	5	6	9	7
2	3	9	4	6	7	5	8	1
1	9	4	6	7	3	2	5	8
8	2	3	5	9	4	1	7	6
5	7	6	1	8	2	3	4	9

No 499

8	6	5	2	1	9	4	7	3
7	3	9	5	8	4	2	6	1
1	4	2	3	7	6	9	5	8
6	5	3	4	9	1	7	8	2
9	8	4	7	2	5	1	3	6
2	1	7	8	6	3	5	9	4
4	9	6	1	3	7	8	2	5
3	2	1	9	5	8	6	4	7
5	7	8	6	4	2	3	1	9

No 500

1	4	7	8	5	9	3	6	2
8	9	3	4	2	6	1	7	5
6	5	2	1	7	3	4	8	9
9	1	5	2	6	4	8	3	7
2	8	4	5	3	7	9	1	6
7	3	6	9	1	8	5	2	4
5	6	1	3	9	2	7	4	8
3	2	8	7	4	5	6	9	1
4	7	9	6	8	1	2	5	3

No 501

6	7	2	3	8	9	4	5	1
4	9	3	1	6	5	8	2	7
1	8	5	2	7	4	3	9	6
8	1	7	5	9	3	6	4	2
5	2	4	6	1	8	7	3	9
3	6	9	4	2	7	5	1	8
2	3	8	9	5	6	1	7	4
9	5	6	7	4	1	2	8	3
7	4	1	8	3	2	9	6	5

No 502

8	9	1	2	3	5	6	4	7
2	5	6	4	1	7	8	3	9
3	7	4	8	9	6	2	1	5
9	4	3	1	2	8	7	5	6
6	2	5	3	7	4	1	9	8
1	8	7	5	6	9	3	2	4
5	3	8	7	4	2	9	6	1
7	1	9	6	5	3	4	8	2
4	6	2	9	8	1	5	7	3

No 503

2	5	9	1	3	6	8	4	7
7	8	6	9	4	2	3	5	1
3	4	1	7	8	5	9	6	2
4	3	7	2	6	1	5	9	8
9	6	8	4	5	7	1	2	3
1	2	5	8	9	3	6	7	4
6	1	2	5	7	8	4	3	9
8	9	3	6	2	4	7	1	5
5	7	4	3	1	9	2	8	6

No 504

6	9	5	4	8	1	2	7	3
2	8	1	7	3	6	4	9	5
4	3	7	2	5	9	6	8	1
1	6	4	8	9	5	7	3	2
8	7	9	3	6	2	1	5	4
3	5	2	1	7	4	8	6	9
7	1	8	5	2	3	9	4	6
9	4	3	6	1	7	5	2	8
5	2	6	9	4	8	3	1	7

No 505

5	8	6	9	1	3	7	4	2
4	7	1	8	2	6	9	5	3
3	9	2	7	4	5	6	1	8
6	3	4	5	9	8	2	7	1
7	1	9	6	3	2	5	8	4
2	5	8	1	7	4	3	9	6
1	2	5	4	6	7	8	3	9
8	4	3	2	5	9	1	6	7
9	6	7	3	8	1	4	2	5

No 506

3	6	5	2	7	9	8	1	4
1	4	7	6	5	8	3	9	2
2	9	8	1	4	3	7	6	5
6	7	4	9	3	1	2	5	8
5	2	3	7	8	6	9	4	1
8	1	9	5	2	4	6	7	3
7	8	6	4	1	2	5	3	9
9	3	1	8	6	5	4	2	7
4	5	2	3	9	7	1	8	6

No 507

2	8	9	3	5	7	1	6	4
7	3	1	4	6	9	2	5	8
4	5	6	1	2	8	7	3	9
1	9	4	5	8	6	3	2	7
5	2	8	7	3	1	4	9	6
6	7	3	2	9	4	8	1	5
8	1	5	6	7	2	9	4	3
3	4	7	9	1	5	6	8	2
9	6	2	8	4	3	5	7	1

No 508

8	5	3	6	1	9	7	2	4
2	4	6	7	5	3	1	9	8
7	1	9	8	4	2	5	6	3
3	7	5	9	8	4	6	1	2
6	9	8	5	2	1	3	4	7
1	2	4	3	7	6	9	8	5
5	3	1	2	9	8	4	7	6
9	8	7	4	6	5	2	3	1
4	6	2	1	3	7	8	5	9

No 509

6	8	9	3	5	4	2	7	1
7	3	2	6	8	1	9	5	4
5	1	4	2	9	7	8	3	6
3	6	1	9	4	8	5	2	7
9	4	5	7	2	3	1	6	8
8	2	7	5	1	6	3	4	9
1	5	8	4	6	2	7	9	3
2	7	6	1	3	9	4	8	5
4	9	3	8	7	5	6	1	2

No 510

5	8	1	6	9	4	2	7	3
3	6	7	2	1	5	9	8	4
2	4	9	7	3	8	6	5	1
9	2	6	5	7	3	4	1	8
1	7	3	4	8	2	5	9	6
4	5	8	1	6	9	7	3	2
6	3	4	8	5	7	1	2	9
8	1	5	9	2	6	3	4	7
7	9	2	3	4	1	8	6	5

No 511

4	5	6	7	1	8	9	3	2
2	8	3	4	9	6	5	1	7
7	1	9	3	2	5	4	8	6
6	7	2	5	8	1	3	4	9
5	9	8	6	3	4	7	2	1
1	3	4	2	7	9	8	6	5
8	4	7	9	6	2	1	5	3
9	6	1	8	5	3	2	7	4
3	2	5	1	4	7	6	9	8

No 512

6	8	4	3	7	2	5	1	9
5	9	3	6	1	8	7	2	4
1	2	7	5	4	9	3	6	8
3	6	2	1	9	7	4	8	5
7	1	8	4	5	6	9	3	2
4	5	9	2	8	3	6	7	1
9	7	1	8	6	5	2	4	3
2	4	5	7	3	1	8	9	6
8	3	6	9	2	4	1	5	7

No 513

7	4	2	1	3	6	8	5	9
3	5	8	4	7	9	6	1	2
9	6	1	5	2	8	4	3	7
5	7	9	8	1	3	2	6	4
4	8	3	6	5	2	9	7	1
1	2	6	9	4	7	3	8	5
8	9	4	7	6	1	5	2	3
2	1	5	3	8	4	7	9	6
6	3	7	2	9	5	1	4	8

No 514

3	2	7	9	1	6	8	4	5
1	5	4	7	8	3	2	9	6
6	8	9	2	5	4	1	3	7
7	9	8	4	6	1	5	2	3
2	6	5	8	3	7	4	1	9
4	3	1	5	9	2	7	6	8
9	7	3	1	4	8	6	5	2
5	1	2	6	7	9	3	8	4
8	4	6	3	2	5	9	7	1

No 515

4	6	1	5	2	8	7	3	9
2	5	3	7	6	9	4	8	1
8	9	7	3	1	4	2	5	6
6	1	2	9	8	7	5	4	3
9	7	4	1	3	5	8	6	2
5	3	8	6	4	2	1	9	7
7	2	9	8	5	3	6	1	4
3	8	6	4	7	1	9	2	5
1	4	5	2	9	6	3	7	8

No 516

3	6	5	2	4	7	1	8	9
9	8	1	5	6	3	2	7	4
4	2	7	9	8	1	3	6	5
2	7	4	6	9	5	8	1	3
6	3	8	7	1	4	5	9	2
5	1	9	8	3	2	6	4	7
8	9	2	4	5	6	7	3	1
7	4	3	1	2	8	9	5	6
1	5	6	3	7	9	4	2	8

No 517

4	7	3	5	2	6	1	8	9
8	6	2	3	9	1	5	4	7
9	1	5	8	4	7	3	2	6
1	9	7	4	3	8	6	5	2
3	2	6	7	5	9	4	1	8
5	4	8	6	1	2	9	7	3
7	3	1	2	6	4	8	9	5
6	8	4	9	7	5	2	3	1
2	5	9	1	8	3	7	6	4

No 518

1	6	7	4	2	3	5	8	9
3	9	5	8	7	1	2	4	6
8	2	4	9	6	5	3	7	1
9	5	2	7	4	6	8	1	3
6	7	8	1	3	2	4	9	5
4	3	1	5	8	9	7	6	2
7	1	9	2	5	4	6	3	8
5	8	3	6	9	7	1	2	4
2	4	6	3	1	8	9	5	7

No 519

6	1	3	7	9	8	5	2	4
8	7	9	5	2	4	6	1	3
4	2	5	6	1	3	9	8	7
5	4	6	2	3	7	8	9	1
2	3	1	8	4	9	7	5	6
9	8	7	1	5	6	3	4	2
3	9	8	4	7	2	1	6	5
7	5	2	9	6	1	4	3	8
1	6	4	3	8	5	2	7	9

No 520

1	7	3	6	9	5	2	8	4
4	2	5	8	3	7	6	9	1
6	9	8	4	2	1	7	5	3
3	5	6	2	7	4	8	1	9
2	8	9	5	1	3	4	7	6
7	1	4	9	8	6	5	3	2
5	3	2	7	6	9	1	4	8
8	4	1	3	5	2	9	6	7
9	6	7	1	4	8	3	2	5

No 521

5	1	7	9	3	6	8	2	4
6	3	9	2	8	4	7	1	5
2	4	8	5	7	1	6	3	9
8	9	3	6	2	7	5	4	1
4	6	1	3	5	9	2	8	7
7	2	5	4	1	8	9	6	3
9	5	2	8	4	3	1	7	6
1	8	4	7	6	5	3	9	2
3	7	6	1	9	2	4	5	8

No 522

6	7	4	5	9	1	8	3	2
8	3	5	7	6	2	9	1	4
9	1	2	3	8	4	7	5	6
3	4	8	6	5	9	1	2	7
1	2	7	4	3	8	5	6	9
5	9	6	2	1	7	3	4	8
4	6	1	8	7	5	2	9	3
7	5	3	9	2	6	4	8	1
2	8	9	1	4	3	6	7	5

No 523

5	8	3	2	1	6	9	7	4
6	2	1	7	4	9	3	8	5
4	9	7	5	3	8	1	6	2
7	4	9	1	5	2	8	3	6
1	3	6	9	8	4	5	2	7
2	5	8	3	6	7	4	1	9
3	7	5	4	2	1	6	9	8
8	1	2	6	9	5	7	4	3
9	6	4	8	7	3	2	5	1

No 524

3	5	1	4	8	6	7	2	9
7	4	6	9	2	3	5	8	1
8	9	2	7	5	1	6	4	3
1	7	5	6	4	2	9	3	8
9	8	3	5	1	7	2	6	4
6	2	4	3	9	8	1	7	5
2	3	8	1	7	5	4	9	6
5	6	9	2	3	4	8	1	7
4	1	7	8	6	9	3	5	2

No 525

8	2	1	6	5	3	4	9	7
9	3	7	8	1	4	6	2	5
5	4	6	7	2	9	3	8	1
2	6	4	9	3	1	5	7	8
3	8	5	2	6	7	1	4	9
1	7	9	4	8	5	2	3	6
4	5	8	1	9	2	7	6	3
7	9	3	5	4	6	8	1	2
6	1	2	3	7	8	9	5	4

No 526

1	7	5	3	4	9	6	2	8
6	9	2	5	7	8	4	3	1
8	4	3	2	6	1	9	7	5
9	1	4	6	5	2	3	8	7
2	8	6	7	1	3	5	9	4
3	5	7	9	8	4	1	6	2
7	6	1	8	9	5	2	4	3
4	2	9	1	3	7	8	5	6
5	3	8	4	2	6	7	1	9

No 527

2	7	1	3	5	4	9	6	8
9	4	8	2	6	7	3	5	1
6	5	3	9	1	8	2	4	7
1	8	5	4	9	3	7	2	6
3	2	4	8	7	6	1	9	5
7	6	9	5	2	1	8	3	4
8	9	2	1	4	5	6	7	3
4	3	6	7	8	9	5	1	2
5	1	7	6	3	2	4	8	9

No 528

8	3	5	2	9	1	7	4	6
9	7	1	5	4	6	8	2	3
2	6	4	3	7	8	5	1	9
7	2	9	1	8	4	3	6	5
1	4	3	7	6	5	2	9	8
5	8	6	9	2	3	4	7	1
4	9	8	6	5	7	1	3	2
6	1	7	8	3	2	9	5	4
3	5	2	4	1	9	6	8	7

No 529

4	2	9	8	3	1	5	7	6
6	7	5	9	2	4	3	8	1
8	1	3	6	5	7	4	2	9
3	9	2	4	8	5	6	1	7
1	4	7	2	6	9	8	3	5
5	8	6	1	7	3	9	4	2
9	6	8	3	1	2	7	5	4
2	5	4	7	9	8	1	6	3
7	3	1	5	4	6	2	9	8

No 530

8	4	3	2	9	6	7	1	5
2	6	1	5	7	3	4	8	9
5	9	7	8	1	4	3	2	6
6	3	5	7	8	9	1	4	2
9	7	2	6	4	1	8	5	3
4	1	8	3	2	5	6	9	7
7	8	9	4	6	2	5	3	1
3	2	6	1	5	8	9	7	4
1	5	4	9	3	7	2	6	8

No 531

3	1	4	9	5	6	2	7	8
8	7	2	1	3	4	6	5	9
6	5	9	2	7	8	1	4	3
9	2	7	6	8	5	3	1	4
4	8	6	3	2	1	7	9	5
1	3	5	4	9	7	8	2	6
2	9	1	5	6	3	4	8	7
7	4	3	8	1	9	5	6	2
5	6	8	7	4	2	9	3	1

No 532

4	1	8	9	6	7	2	5	3
7	3	9	5	2	8	1	6	4
5	2	6	1	4	3	8	7	9
1	6	2	7	3	4	5	9	8
9	4	3	8	5	6	7	2	1
8	5	7	2	9	1	4	3	6
6	9	5	4	1	2	3	8	7
2	8	4	3	7	9	6	1	5
3	7	1	6	8	5	9	4	2

No 533

3	6	4	1	5	2	8	9	7
8	1	5	9	7	3	6	2	4
7	2	9	8	6	4	3	1	5
2	7	8	5	4	1	9	6	3
4	9	1	3	2	6	7	5	8
6	5	3	7	8	9	1	4	2
9	4	7	6	3	5	2	8	1
5	3	6	2	1	8	4	7	9
1	8	2	4	9	7	5	3	6

No 534

2	8	9	1	6	5	4	3	7
6	4	5	7	9	3	1	8	2
1	3	7	8	2	4	9	5	6
5	7	2	6	4	1	8	9	3
4	9	8	2	3	7	6	1	5
3	1	6	9	5	8	7	2	4
8	5	1	3	7	6	2	4	9
9	6	3	4	1	2	5	7	8
7	2	4	5	8	9	3	6	1

No 535

Top grids (left | right):

```
9 7 5 4 2 6 1 3 8    6 2 3 1 5 7 9 4 8
2 1 4 7 3 8 9 6 5    5 7 1 4 8 9 3 6 2
8 3 6 1 9 5 7 2 4    4 8 9 3 6 2 7 1 5
1 5 3 6 4 9 2 8 7    8 9 4 6 2 3 1 5 7
7 4 9 8 1 2 3 5 6    2 3 6 5 7 1 4 8 9
6 8 2 5 7 3 4 9 1    7 1 5 8 9 4 6 2 3
5 9 1 3 8 7 6 4 2    9 8 3   1 5 7 9 4 8 2 3 6
4 2 8 9 6 1 5 7 3    6 1 2   9 4 8 2 3 6 5 7 1
3 6 7 2 5 4 8 1 9    5 7 4   3 6 2 7 1 5 8 9 4
```

Center grid:

```
2 6 5 4 3 1 8 7 9
3 8 4 7 5 9 2 1 6
7 9 1 8 2 6 5 3 4
```

Bottom grids (left | center | right):

```
7 8 5 1 9 2 4 3 6   2 9 5   7 8 1 4 3 9 5 6 2
9 3 4 6 5 7 1 2 8   3 4 7   6 9 5 8 1 2 7 3 4
1 2 6 8 4 3 9 5 7   1 6 8   4 2 3 7 6 5 1 8 9
4 1 3 9 2 8 7 6 5           1 7 6 9 4 8 2 5 3
2 9 8 7 6 5 3 1 4           8 3 4 5 2 1 9 7 6
5 6 7 3 1 4 8 9 2           9 5 2 3 7 6 4 1 8
8 5 2 4 3 1 6 7 9           2 6 7 1 9 3 8 4 5
3 7 9 2 8 6 5 4 1           3 1 8 2 5 4 6 9 7
6 4 1 5 7 9 2 8 3           5 4 9 6 8 7 3 2 1
```

No 536

Top grids (left | right):

```
2 9 5 3 4 6 8 1 7    7 1 4 8 9 5 3 2 6
3 6 8 1 9 7 4 2 5    6 8 5 3 7 2 9 4 1
1 4 7 8 2 5 6 3 9    9 2 3 1 4 6 8 7 5
6 7 9 2 8 1 3 5 4    2 5 8 6 3 1 7 9 4
5 2 4 6 3 9 1 7 8    3 9 6 7 5 4 2 1 8
8 1 3 5 7 4 9 6 2    1 4 7 9 2 8 6 5 3
4 8 2 7 6 3 5 9 1    6 3 8   4 7 2 5 8 3 1 6 9
9 3 1 4 5 2 7 8 6    2 9 4   5 3 1 2 6 9 4 8 7
7 5 6 9 1 8 2 4 3    7 5 1   8 6 9 4 1 7 5 3 2
```

Center grid:

```
4 3 7 8 1 6 2 9 5
8 1 9 5 7 2 6 4 3
6 5 2 3 4 9 1 8 7
```

Bottom grids (left | center | right):

```
3 7 1 8 2 4 9 6 5   4 2 7   3 1 8 7 9 5 2 4 6
2 8 9 5 1 6 3 7 4   1 8 5   9 2 6 1 4 3 7 5 8
5 6 4 7 3 9 1 2 8   9 6 3   7 5 4 2 6 8 1 9 3
4 1 7 3 5 2 6 8 9           4 9 2 8 1 7 3 6 5
8 2 6 1 9 7 4 5 3           6 8 7 5 3 9 4 1 2
9 3 5 6 4 8 2 1 7           5 3 1 4 2 6 8 7 9
1 5 2 9 7 3 8 4 6           1 7 3 6 5 2 9 8 4
7 9 8 4 6 1 5 3 2           8 6 9 3 7 4 5 2 1
6 4 3 2 8 5 7 9 1           2 4 5 9 8 1 6 3 7
```

No 537

Top-left grid:

1	3	9	6	8	2	5	4	7
4	8	7	3	5	9	6	2	1
5	2	6	1	7	4	8	9	3
3	6	5	7	9	1	2	8	4
7	1	4	2	6	8	3	5	9
2	9	8	5	4	3	1	7	6
8	7	3	4	1	5	9	6	2
6	5	1	9	2	7	4	3	8
9	4	2	8	3	6	7	1	5

Top-right grid:

9	6	2	3	8	4	7	1	5
4	3	1	5	2	7	8	9	6
7	5	8	6	1	9	4	3	2
8	4	6	2	9	5	3	7	1
1	2	3	8	7	6	5	4	9
5	7	9	1	4	3	6	2	8
3	8	7	9	6	2	1	5	4
2	1	5	4	3	8	9	6	7
6	9	4	7	5	1	2	8	3

Center connector (bottom rows of top grids):

1	4	5
6	9	7
2	8	3

Central grid rows:

5	8	7	9	6	1	4	2	3
2	4	1	7	3	8	5	6	9
3	9	6	5	2	4	8	7	1

Bottom-left grid:

7	3	1	5	8	9	6	2	4
4	6	2	7	1	3	8	5	9
9	8	5	4	2	6	1	7	3
5	9	8	2	6	4	3	1	7
2	4	6	1	3	7	9	8	5
1	7	3	8	9	5	4	6	2
3	1	7	9	5	8	2	4	6
6	2	4	3	7	1	5	9	8
8	5	9	6	4	2	7	3	1

Center connector (top rows of bottom grids):

3	7	9
4	1	2
8	5	6

Bottom-right grid:

1	5	8	6	4	3	9	2	7
7	3	6	2	8	9	1	5	4
9	4	2	5	7	1	3	6	8
5	9	4	8	3	2	7	1	6
2	1	3	7	9	6	4	8	5
6	8	7	4	1	5	2	9	3
8	7	5	9	2	4	6	3	1
3	6	9	1	5	7	8	4	2
4	2	1	3	6	8	5	7	9

No 538

Top-left grid:

4	8	7	3	2	6	9	5	1
1	3	5	4	7	9	8	6	2
9	2	6	1	5	8	4	3	7
3	7	8	6	1	2	5	4	9
5	6	1	9	3	4	2	7	8
2	9	4	5	8	7	3	1	6
6	1	2	8	4	5	7	9	3
7	5	9	2	6	3	1	8	4
8	4	3	7	9	1	6	2	5

Top-right grid:

4	8	9	3	7	5	6	2	1
5	6	2	9	8	1	4	3	7
1	7	3	6	4	2	5	9	8
7	4	6	8	2	9	3	1	5
8	2	1	7	5	3	9	6	4
3	9	5	1	6	4	7	8	2
2	1	4	5	9	6	8	7	3
6	5	7	2	3	8	1	4	9
9	3	8	4	1	7	2	5	6

Center connector (bottom rows of top grids):

8	5	6
3	9	2
1	4	7

Central grid rows:

4	7	8	6	2	1	5	9	3
9	6	2	5	8	3	7	4	1
5	3	1	4	7	9	8	6	2

Bottom-left grid:

2	1	3	7	9	5	8	4	6
8	5	7	6	3	4	2	1	9
4	9	6	8	1	2	3	5	7
5	7	1	2	8	9	4	6	3
9	3	8	4	7	6	1	2	5
6	2	4	1	5	3	9	7	8
3	6	2	5	4	8	7	9	1
1	8	5	9	2	7	6	3	4
7	4	9	3	6	1	5	8	2

Center connector (top rows of bottom grids):

2	3	5
7	6	4
9	1	8

Bottom-right grid:

1	7	9	2	8	3	6	5	4
3	8	5	6	7	4	9	1	2
4	2	6	1	9	5	3	8	7
6	5	1	4	3	2	8	7	9
7	9	4	8	6	1	5	2	3
2	3	8	9	5	7	4	6	1
8	6	7	3	2	9	1	4	5
9	4	2	5	1	8	7	3	6
5	1	3	7	4	6	2	9	8

No 539

Top-left grid

2	7	1	3	6	8	4	9	5
5	4	9	1	2	7	8	3	6
6	8	3	9	5	4	7	1	2
1	2	4	7	3	6	5	8	9
3	6	7	8	9	5	2	4	1
9	5	8	4	1	2	6	7	3
7	3	2	6	8	9	1	5	4
4	1	5	2	7	3	9	6	8
8	9	6	5	4	1	3	2	7

Top-right grid

7	3	6	1	5	4	9	2	8
2	1	5	3	8	9	6	4	7
4	9	8	6	7	2	1	5	3
1	7	4	5	9	3	2	8	6
9	5	2	8	4	6	3	7	1
6	8	3	7	2	1	4	9	5
8	6	9	4	3	5	7	1	2
3	2	7	9	1	8	5	6	4
5	4	1	2	6	7	8	3	9

Center grid

1	5	4	7	2	3	8	6	9
9	6	8	5	1	4	3	2	7
3	2	7	8	6	9	5	4	1
5	1	2	4	7	6	9	8	3
4	9	3	1	8	5	6	7	2
7	8	6	3	9	2	1	5	4
8	7	5	2	3	1	4	9	6
6	4	1	9	5	7	2	3	8
2	3	9	6	4	8	7	1	5

Bottom-left grid

2	4	6	9	3	1	8	7	5
9	8	3	5	2	7	6	4	1
1	7	5	4	6	8	2	3	9
5	1	7	8	9	3	4	2	6
4	6	2	1	7	5	3	9	8
3	9	8	2	4	6	5	1	7
8	2	9	6	1	4	7	5	3
6	3	1	7	5	2	9	8	4
7	5	4	3	8	9	1	6	2

Bottom-right grid

4	9	6	5	3	8	2	1	7
2	3	8	7	6	1	4	5	9
7	1	5	9	4	2	3	6	8
5	4	2	6	8	9	7	3	1
1	7	3	4	2	5	9	8	6
8	6	9	3	1	7	5	2	4
9	8	7	2	5	6	1	4	3
3	5	1	8	7	4	6	9	2
6	2	4	1	9	3	8	7	5

No 540

Top-left grid

6	2	3	9	7	5	8	4	1
1	8	4	3	6	2	7	5	9
5	9	7	4	1	8	3	2	6
7	1	5	6	8	9	4	3	2
3	4	9	5	2	7	1	6	8
2	6	8	1	3	4	9	7	5
4	3	1	2	9	6	5	8	7
8	5	2	7	4	1	6	9	3
9	7	6	8	5	3	2	1	4

Top-right grid

4	1	2	5	3	8	9	7	6
7	3	5	4	9	6	8	1	2
9	6	8	2	1	7	5	4	3
2	7	9	3	6	5	1	8	4
1	4	3	7	8	9	2	6	5
5	8	6	1	4	2	3	9	7
6	2	1	8	5	4	7	3	9
8	5	4	9	7	3	6	2	1
3	9	7	6	2	1	4	5	8

Center grid

5	8	7	4	3	9	6	2	1
6	9	3	7	1	2	8	5	4
2	1	4	5	8	6	3	9	7
3	7	2	6	5	1	9	4	8
1	4	5	9	7	8	2	6	3
8	6	9	2	4	3	1	7	5
4	3	6	8	2	5	7	1	9
7	2	1	3	9	4	5	8	6
9	5	8	1	6	7	4	3	2

Bottom-left grid

7	8	2	1	5	9	4	3	6
9	3	5	4	8	6	7	2	1
4	1	6	3	2	7	9	5	8
6	5	8	7	4	2	3	1	9
3	2	4	9	1	5	6	8	7
1	9	7	8	6	3	2	4	5
5	6	1	2	9	4	8	7	3
8	4	3	6	7	1	5	9	2
2	7	9	5	3	8	1	6	4

Bottom-right grid

7	1	9	8	3	6	4	5	2
5	8	6	4	2	9	7	1	3
4	3	2	5	7	1	6	9	8
1	9	5	7	4	3	2	8	6
8	6	4	1	9	2	5	3	7
3	2	7	6	5	8	1	4	9
2	4	1	3	8	7	9	6	5
6	7	8	9	1	5	3	2	4
9	5	3	2	6	4	8	7	1

No 541

Top-left grid

8	4	1	3	2	5	6	7	9
2	7	5	9	6	8	3	4	1
9	3	6	7	4	1	2	8	5
6	2	3	1	7	9	8	5	4
4	1	8	2	5	3	9	6	7
7	5	9	6	8	4	1	3	2
3	8	7	4	9	2	5	1	6
5	6	2	8	1	7	4	9	3
1	9	4	5	3	6	7	2	8

Top-right grid

7	9	4	1	3	2	8	6	5
1	5	6	7	8	4	3	9	2
2	8	3	6	9	5	1	4	7
3	7	5	2	4	6	9	1	8
4	2	8	9	5	1	6	7	3
9	6	1	3	7	8	5	2	4
8	4	2	5	1	9	7	3	6
5	1	7	4	6	3	2	8	9
6	3	9	8	2	7	4	5	1

Center grid

5	1	6	3	9	7	8	4	2
4	9	3	2	6	8	5	1	7
7	2	8	4	5	1	6	3	9
1	7	4	5	3	6	9	2	8
3	6	9	7	8	2	4	5	1
8	5	2	1	4	9	7	6	3
2	8	1	6	7	4	3	9	5
9	4	5	8	1	3	2	7	6
6	3	7	9	2	5	1	8	4

Bottom-left grid

6	3	9	4	5	7	2	8	1
7	1	2	8	6	3	9	4	5
8	5	4	1	9	2	6	3	7
3	7	8	6	4	9	5	1	2
4	9	5	7	2	1	8	6	3
2	6	1	3	8	5	7	9	4
5	8	6	2	3	4	1	7	9
1	2	3	9	7	8	4	5	6
9	4	7	5	1	6	3	2	8

Bottom-right grid

3	9	5	1	4	6	7	2	8
2	7	6	3	5	8	4	9	1
1	8	4	7	9	2	6	5	3
6	5	1	8	2	7	3	4	9
7	4	9	6	3	5	8	1	2
8	2	3	4	1	9	5	7	6
5	6	8	9	7	1	2	3	4
4	1	2	5	8	3	9	6	7
9	3	7	2	6	4	1	8	5

No 542

Top-left grid

3	4	6	5	7	9	1	8	2
8	5	7	1	2	3	9	6	4
2	9	1	6	8	4	3	5	7
6	1	8	4	3	5	7	2	9
9	2	4	7	1	8	5	3	6
7	3	5	2	9	6	4	1	8
1	8	9	3	6	7	2	4	5
4	7	2	8	5	1	6	9	3
5	6	3	9	4	2	8	7	1

Top-right grid

5	4	1	3	9	8	2	6	7
6	2	8	1	7	5	3	4	9
3	9	7	4	2	6	5	8	1
2	3	4	5	6	1	9	7	8
9	8	5	2	4	7	6	1	3
1	7	6	8	3	9	4	5	2
7	6	3	9	1	4	8	2	5
8	1	2	6	5	3	7	9	4
4	5	9	7	8	2	1	3	6

Center grid

2	4	5	9	1	8	7	6	3
6	9	3	5	4	7	8	1	2
8	7	1	6	3	2	4	5	9
3	2	9	8	7	6	1	4	5
4	8	7	1	9	5	2	3	6
1	5	6	3	2	4	9	8	7
9	3	8	7	5	1	6	2	4
7	6	4	2	8	3	5	9	1
5	1	2	4	6	9	3	7	8

Bottom-left grid

1	2	7	4	6	5	9	3	8
5	9	8	1	3	2	7	6	4
3	4	6	7	8	9	5	1	2
9	1	3	5	4	6	2	8	7
2	6	5	8	7	3	1	4	9
7	8	4	2	9	1	3	5	6
4	3	9	6	1	7	8	2	5
8	5	1	9	2	4	6	7	3
6	7	2	3	5	8	4	9	1

Bottom-right grid

6	2	4	3	8	5	9	7	1
5	9	1	6	2	7	3	4	8
3	7	8	9	1	4	5	6	2
7	1	3	5	4	9	2	8	6
2	4	9	8	6	1	7	5	3
8	6	5	2	7	3	1	9	4
9	8	6	1	5	2	4	3	7
4	5	2	7	3	6	8	1	9
1	3	7	4	9	8	6	2	5

No 543

```
3 7 8 4 1 6 2 5 9         3 7 4 2 5 8 6 9 1
9 2 4 7 3 5 6 1 8         2 1 6 4 7 9 5 8 3
6 5 1 2 9 8 3 7 4         5 9 8 1 3 6 7 4 2
8 1 2 3 6 7 4 9 5         4 8 5 3 9 1 2 7 6
4 3 9 8 5 1 7 2 6         9 6 3 7 4 2 8 1 5
5 6 7 9 4 2 8 3 1         1 2 7 6 8 5 9 3 4
2 9 6 5 7 4 1 8 3 5 9 7 6 4 2 8 1 7 3 5 9
1 8 3 6 2 9 5 4 7 1 2 6 8 3 9 5 2 4 1 6 7
7 4 5 1 8 3 9 6 2 8 3 4 7 5 1 9 6 3 4 2 8
                  7 3 1 9 4 5 2 6 8
                  2 5 6 3 8 1 9 7 4
                  8 0 4 7 6 2 3 1 5
9 1 6 4 2 8 3 7 5 2 1 8 4 9 6 2 5 8 7 3 1
2 4 3 9 7 5 6 1 8 4 7 9 5 2 3 6 1 7 9 8 4
8 5 7 3 1 6 4 2 9 6 5 3 1 8 7 9 4 3 2 6 5
6 7 2 8 5 9 1 4 3         8 7 5 3 9 2 1 4 6
5 3 4 1 6 7 8 9 2         2 1 4 8 6 5 3 9 7
1 9 8 2 4 3 7 5 6         6 3 9 1 7 4 8 5 2
4 2 9 6 8 1 5 3 7         7 5 8 4 3 1 6 2 9
7 8 1 5 3 2 9 6 4         9 4 2 7 8 6 5 1 3
3 6 5 7 9 4 2 8 1         3 6 1 5 2 9 4 7 8
```